忘却の効用

「忘れること」で
脳は何を得るのか

スコット・A・スモール
寺町朋子訳

FORGETTING
The Benefits of Not Remembering
by Scott A. Small

白揚社

忘却の効用

ミシェル・スモールへ
思い出を込めて
アレクシス・イングランドへ
生涯にわたる思い出のために

自分の記憶力の悪さをこぼすと、みな私の言うことを信じてくれず、私が自分をばかだと責めたかのように、私をたしなめる……しかし、彼らは私を誤解している。というのは、むしろ逆に、記憶力がよいと優柔不断に結びつくことが経験から日々わかるからだ。

「記憶力がよくない人は、嘘をつくなど禁物だ」と言われるが、それにはもっともな理由がある。

――ミシェル・ド・モンテーニュ『エセー』、一五七二年
〔邦訳は『エセー』（宮下志朗訳、白水社）など〕

目次

◉〔　〕で括った箇所は訳者による補足です。

プロローグ

実際、フネスは、あらゆる森の、あらゆる木の、あらゆる葉を記憶しているばかりか、それを知覚したか想像した場合のひとつひとつを記憶していた。

しかし、彼には大して思考の能力はなかったように思う。考えるということは、さまざまな相違を忘れること、一般化すること、抽象化することである。

――ホルヘ・ルイス・ボルヘス「記憶の人、フネス」
〔『伝奇集』（鼓直訳、岩波書店）より引用〕

記憶に関する専門医という立場上、私の耳には、ものを忘れること（忘却）の話題ばかり飛び込んでくる。私の患者たちは病的な忘却を伴う病気を抱えていることが多いので、当然の健康不安を口にしているのだが、私が忘却の話を聞くのは患者からだけではない。ほとんどの人がその話をするのだ。多くの場合、正常な忘却について愚痴をこぼしている。正常な忘却というのは私たちに生まれつき備わっている機能であり、身長などの形質のように、もともと個人差がある。私は、人びとのこうした愚痴について不満を言っているのではない。私自身、自分の忘れっぽさにいらいらすることもあり、おかげで患者に寄り添った助言ができるのは医師として光栄なことだ。実を言えば、若いころに記憶に興味を持ったきっかけは自分の忘れっぽさだった。それで学問的な興味が湧き、専門教育を受けて職業とすることになったのだ。もっと記憶力がよかったらいいのに、と思わない人などいるだろうか？　記憶力がよければ、試験でいい成績がとれるし、読んだ本や観た映画の内容を正確に覚えていられる。あるいは、詳細な情報をすらすらと並べて、討論で相手を言い負かしたり、豆知識や詩で人の心をとらえたりすることができるのだ。

忘却は記憶システムの不具合、つまりとにかく問題だというのが長らく科学の共通認識だった。そのため、科学研究では次の二点を解明することに重点が置かれてきた。一つは、脳がどのように記憶を形成し、貯蔵し、呼び起こす（想起する）のか。そしてもう一つは、どのように記憶のスナップショットが撮られ、処理され、分類されるのか、だ。忘却が役に立っている可能性を直観的に理解している科学者もいるが、多くの場合、屋根裏部屋にしまい込んで色褪せた写真のように記憶が薄れていくことは、記憶のメカニズムの異常や記憶のもろさの表れと見なされる。こうした標準的な見方では、記憶力を向上させることが、つねに立派な目標とされるのに対し、忘却は防ぐべきこと、必死に立ち向かうべきことだとされており、この見方が私の医師としての教育やキャリアの指針となってきた。

私は三五年以上、記憶について研究している。ニューヨーク大学実験心理学科の学生だったとき、感情がどのように私たちの見るものや物事を記憶するやり方にバイアスをかけるか、という研究テーマで論文を書いた。それは私にとって初めての論文で、卒論になった。コロンビア大学でM.D./Ph.D.課程〔医師免許と医学博士の両方を取得するための特別な課程〕の学生だったときには、記憶の研究者であるエリック・カンデルの研究室で働いた。カンデルは、神経細胞（ニューロン）が記憶を形成する仕組みをさまざまな動物モデルで研究し、それに関する発見の功績によって二〇〇〇年にノーベル生理学・医学賞を受賞している。その後、私はコロンビア大学で博士研究員《ポスドク》となり、現在アルツハイマー病の優れた臨床医で遺伝学者でもあるリチャード・メイユーとともに、アルツハイマー病や記憶障害を伴う病気を研究した。それ以降は自分の研究室を持って、アルツハイマー病といった、人生の晩年に記憶障害を引き起こす病気の原因や治療の可能性を追究することに全力を注いできた。

年を取ったら忘れっぽくなるとはいえ、私たちが過去の物事を忘れることができるのはありがたいことだ。そう言えるのは、記憶を扱う多くの研究者や医師と同じように、私も忘却について誤解していたことがわかったからだ。神経生物学や心理学、医学、コンピューター科学における最近の研究によって、忘却に対する理解は明らかに変わってきた[1]。今では、忘却は正常な現象ということにとどまらず、私たちの認知能力や創造力、精神的安定にとって、さらには社会の健全性にとって役に立つことがわかっている。
本書は、私がキャリアを通じて助けようとしてきた、病的な忘却を患う何百人もの患者に捧げるものだ。病的な忘却は神経変性疾患によって引き起こされることが多いが、単に老化（加齢）そのものが原因の場合もある。「病的」の医学的な定義は整理されているとは言いがたいが、正常な忘却と病的な忘却の違いを最も簡単に説明すれば、病的な忘却は記憶力の本当の悪化、すなわち現代の情報社会で充実した生活を送る能力を損なうような記憶力の悪化を示しているということだ。病的な忘却が患者に及ぼす深刻な影響をよく見て初めて、正常な忘却とは何なのかが浮き彫りになる。アルツハイマー病による苦しみを目の当たりにすると、この病気を美しく表現しようなどとは思えなくなる。たとえば、どんな物事にもよい面があるという意味の諺《ことわざ》、「どんな雲も裏は銀色に輝いている」をもじって「アルツハイマー病も裏は銀色に輝いている」と口にする気など起こらないだろう。おそらくは。ともかく、病的な忘却による苦しみに日々接し、できる限り患者の身になって考えるよう心がけている私としては、この病気を美化することは到底受け入れられない。ただいずれにせよ、本書は病的な忘却ではなく正常な忘却に焦点を当てたものだ。

先ほどの「もっと記憶力がよかったらいいのに、と思わない人などいるだろうか？」という問いは、むろん修辞疑問文で、みなさんもすばらしい記憶力をうらやましく感じるだろう。では、写真記憶という能力についてはどう思われるだろうか？　写真記憶は映像記憶とも呼ばれ、コンピューターのハードドライブのように、見たものを永続的に貯蔵する能力のことだ。記憶のスナップショットは、いつまでも色褪せない。つまり、その人は何事も決して忘れない。多くの人が写真記憶を夢見てきたと思うが、それが重荷になりうることを察した人も多いのではないだろうか。写真記憶の事例は神経学の記録にときどき登場するが、本物の事例は、実際にはほとんど存在しない。非常に背の高い人がまれにいるように、生まれつき記憶力が抜群によい人も少数だがいる。特定の分野のプロは、並外れた記憶力を頼りにしている。たとえば、グランドマスターのチェス駒の配置に特化した記憶力、コンサートピアニストの楽譜に特化した記憶力、プロテニス選手の手足の動きに特化した記憶力などは、この世のものとは思えないほどだ。また、記憶の達人や記憶の魔術師と呼ばれる人びとは、認知機能を利用した記憶術や元からある才能を活用し、練習を重ねて、特定の情報カテゴリー——経験的な情報、数字、名前、出来事など——に対する非凡な記憶力を養う。しかし正式な検査をしてみると、本当の意味での写真記憶ができる人は誰もいないということが判明している。(2) 何も忘れないなどという人はいないのだ。

以上からわかるように、写真記憶というのは実際には虚構の能力、つまり超能力である。では、写真記憶は誰もがうらやむような能力なのだろうか？　そうではないという理由を科学が示す前に、小説が早々と答えを提示した。その最も優れた例は、ホルヘ・ルイス・ボルヘスの『伝奇集』[3]に収められている短編の「記憶の人、フネス」だ。主人公のフネスは、馬に振り落とされて意識を失う。脳に障害を受けた彼は、目覚めたあと、何事も忘れることができなくなっていた。今やフネスは、ありとあらゆる物事を一瞬で記憶し、思い出すことができる。ほとんどの読者は、この物語を読み始めた段階では、それをうらやましく思う。というのも、超人的な認知能力を新たに授かったフネスは、少し前に読んだ本の長いくだりを暗唱したり、新しい言語を（ラテン語さえも！）ほんの数日でマスターしたりすることが難なくできる、と書かれているからだ。しかし、フネスが精神的カオス状態にあることがわかってくると、フネスへの羨望は同情に変わっていく。一例を挙げれば、フネスが隣人のブドウ園で生産されたワインをグラスで勧められたとき、彼の心は記憶の洪水にのみ込まれる。ワインは、それにまつわる膨大な記憶をよみがえらせるうえ、その一つ一つに事細かな情報が伴っている。たとえば、ワインにする果汁を搾ったブドウについては「ブドウ棚の若芽、房、粒」の情報がついてくるのだ。この何から何まで思い出せる能力は、フネスを恐怖に陥れる。哀れな苦悩するフネスは、過去にとりとめもなく思いを馳せることなどない。過去の出来事について人から尋ねられると、たとえ子ども時代のすてきなある日の午後についてでも、見たすべての雲の形、感じた温度の一分ごとの変化、自分の手足の一つ一つの動作といった、その日のささいな事柄がよみがえり、フネスの心に過度な負担がかかる。それで読者はいくらもしないうちに、物事を完全に想起する能力は悪夢になりかねないと気づかされる。

「記憶の人、フネス」の特筆すべき点は、超高解像度の写真を撮って貯蔵する心が思考をどのように損なうかについて、神経科学に先んじて的確に示したことだ。フネスの物語では、彼の写真記憶によって引き起こされる、ある特徴的な認知障害の話題が多く出てくる。それは一般化ができないこと、言い換えれば、木を見て森を見ずになってしまうことだ。この小説には次のような一節がある。「彼は鏡に映った自分の顔や手にいちいち驚いた。……『犬』という一般的な言葉が、大きさや形のさまざまな数多くの異なる個体を包括的に指すということが理解できなかっただけではない。三時一四分に（横から見た）犬も、三時一五分に（前から見た）犬も、同じ犬という名前で呼ばれることに戸惑った」。写真記憶の能力を持つのは非常に辛いもので、若いフネスは、あえて明かりもつけず物音一つしない部屋に引きこもって残りの人生を過ごすことになる。

この一〇年ほどのあいだに、ようやく新しい研究がまとまり始め、記憶と釣り合いの取れた忘却が自然に備わる真の認知能力であるということが明らかにされつつある。絶えず移り変わり、恐ろしくて辛いこともある世界で生きるため、私たちに与えられた能力が忘却なのだ。「忘れられる権利」が、二〇一一年にヨーロッパの裁判所で法的に認められた。この裁判ではインターネット上の情報が問題になり、永久的な記録は個人の人生に損害を与えるおそれがあるとする主張が勝訴した。それと同じくらい、脳にとって物事を忘れるのは正当なことなのである。

これから本書で見ていくように、記憶と釣り合いの取れた忘却は、認知能力を形成していくうえで必要なことだ。すなわち、変化し続ける環境に適応できる柔軟性を得るため、頭のなかに散らばっている情報の山から抽象概念を抽出するため、木を見て森を見るために欠かせない。それに、忘却は精神的安定を保つためにも必要だ。すなわち、胸にわだかまっている憤りや神経症的な恐怖や痛ましい経験を記憶から取り除くために必要とされる。辛い経験の記憶が過剰だったり、そうした記憶の忘却が不足したりすると、人は苦痛に囚われてしまう。忘却はまた、社会の健全性を保つためや創造性を生み出すためにも必要だ。忘却が心を軽くすることによって物事同士に思いがけない結びつきが生まれ、ひらめきが訪れる。忘れることができなければ、創造力を生む空想の翼も記憶に縛られたままになるだろう。

プロローグのはじめのほうで、「もっと記憶力がよかったらいいのに、と思わない人などいるだろうか?」と書いたが、この問いを、「何も忘れることのない写真記憶を望む人などいるだろうか?」に変えるとどうだろうか。本書を読んだあなたの答えが、「そんな人はいない」であることを願っている。

第一章　覚えることと忘れること

「私の心は鋼鉄のトラバサミのようでした！」。その日、私がコロンビア大学記憶障害センターで最初に診た患者のカールは言い切った。記憶の喩えはいろいろあるが、トラバサミは私があまり好きでない部類に入る。それは一つにはイメージが悪いからだが（動物の足がはさまれた残酷な光景が浮かんで嫌悪感が湧く）、何より科学的に誤解を招くような意味が含まれているからだ。たとえ記憶力の優れた人でも、記憶は決して鋼鉄のように硬直しているのではない。柔軟で変化するし、断片化されている。それに、トラバサミの比喩は、罠がバチンと閉まるように一瞬で記憶が形成されることを匂わせるので、機能的な意味でも正しくない。

カールはマンハッタンで働く刑事事件専門の弁護士で、その日はまるで法廷に立つときのような装いをしていた。私たちのセンターはアルツハイマー病とその関連疾患の専門医療に定評があり、世界各地から訪れる多様な患者に治療を提供している。そのなかでも、カールは目立つ存在だった。それは、オーダーメイドの体にフィットした三つぞろいのスーツで決めていたからというだけではない。私は、診察室と一ブロック離れた自分の研究室から移動してきて診察時刻に間に合うように着いたが、その時点でカールはせかせかと歩き回っており、私たちの患者としては珍しく、診察が待ちきれない様子をにじませていた。彼はイェール大学で英文学を専攻したとのことで、自らの卓越した認知能力や法廷での弁護の腕について軽い口調でひとしきりしゃべると、緊張も解け、自分の症状、それに症状の原因やキャリアへの影響に対する不安を明確に話し始めた。

患者の症状や病歴をじっくり聞くことは、私たち神経科医が第一にやるべき務めだ。患者の話には、診察のおもな目的である「病変部位の特定」に行き着くのに必要な情報が豊富に含まれている。神経科医は通常、ほかの分野の専門医以上に「何が悪いのか?」の前に「どこが悪いのか?」を問うことにこだわる。たとえば、腕に力が入らない原因は筋肉や神経、脊髄、脳に限局している可能性があり、疾患によって、神経系のなかで治療の標的となる場所は異なる。ちなみに神経科医のほとんどは、この解剖学的なパズルを解くのに喜びを感じると打ち明ける。謎解きには神経系の回路の知識が必要だ。つまり、回路のさまざまなノード〔神経系を回路に見立てたときの神経細胞のこと〕がどのように機能しているのかや、病気の原因を特定するために、どうやって神経回路を調べるかについて理解している必要がある。神経科医が謎解きを楽しむといった話はさておき、病変部位を特定して「どこが悪いのか?」に答えることは、正しい診断に到達するために欠かせない。

記憶障害の解剖学的な原因を特定することは、腕の異常の原因を特定することより難しいが、どちらにも同じ原則が当てはまる。記憶に関する専門医は、患者が診察室に入ってきた瞬間に、病的な忘却の原因部位の特定に乗り出す。正式な診察に入る前から、私たちは患者の記憶ネットワークが「発病前の状態」、言い換えれば、認知症状が現れる前の段階でどれほど機能していたかについての感触を得るため、認知機能に関与する脳領域の機能の地図を描こうとする(ただし職業病には要注意で、私たちはこうした機能的な「解剖」を、社交の場で気軽に会話している最中でもついやってしまう。話の細かい点にどれほど尾ひれをつけるか、語彙や言葉の組み合わせがどれほどバラエティに富んでいるかなど、誰かの話しぶりを聞いているだけで、話し手の認知機能に関与する脳領域を機能別に色分けし始めてしまうのだ)。このような認知機能の脳地図は、不鮮明であるのは否めないにせよ有用な出発点となり、神経科医はそれを足がかりとして、患者の主要な認知症状の解剖学的な原因を図で示すことができる。私たちは、初回の診察が終わるまでに「どこ」が記憶障害の原因なのかについての考えをまとめようとする。そして、それ以降の血液検査やMRIなどの神経画像検査、神経心理学的検査などによって、初診時の考えが裏づけられるか修正を迫られるかが最終的に決まる。

カールは子どものころから学校でつねに優秀な成績を収め、彼の記憶力は競争の激しい学校の同輩たちのなかでも抜きん出ていた。その点は、ニューヨークのロングアイランドで成長していった少年時代には野球の統計情報、大学時代には詩、ニューヨーク大学法科大学院時代には各種の法律を記憶する能力が高かったことからも明らかだ。その並外れた記憶力は弁護士の仕事でも役に立ち、所属していた法律事務所中に知れ渡っていた。夏季のインターン、弁護士の助手《パラリーガル》、それに言うまでもなく依頼人など、彼は一度会った人の顔や名前を決して忘れなかった。それで、カールの主要な臨床症状は依頼人の名前をよく思い出せないことだとわかった。彼は数カ月前、ある重要な依頼人と初めて面会した。そして最近、にぎやかなマンハッタンの通りで、その女性とばったり会ったのだが、ショッキングなことに相手の名前を言いよどんでしまった。名前がすらっと出てこないことは、ほとんどの人にとっては単なる気まずい出来事だが、カールにはキャリアの重大な妨げになるように思えたのだ。

カールの病歴を聞き、主要な臨床症状に注意深く耳を傾けているだけで、私のなかでは、脳のどの部分が病的な忘却の原因なのかについて、かなり確かな考えがまとまり始めた。しかも、病変は一つか二つの領域に限局していそうだという気がしてならなかった。その直観を、診察室でおこなう神経学的検査や標準的な記憶検査、それと診察の終盤に実施する補助的な検査によって確認しようとするわけだ。だが、この直観を説明するため、そして私の臨床現場での思考や臨床評価、カールの最終的な診断に至る過程をみなさんに伝えるにあたり、まず記憶の概略を示すことが役立つと思う。それに、記憶の仕組みをざっと説明することは、忘却の仕組みに関する説明の準備にもなる。

記憶の比喩はいろいろあるが、なかでもパソコンにたとえるのはよい例だ。というより、それは比喩を上回るほどで、パソコンの仕組みと、脳が記憶を保持（貯蔵）、保存、想起する仕組みには見事な類似性がある。それは偶然ではない。というのは、コンピューターも脳も、大量の情報をどうすれば最もうまく処理できるかという点で、以下に挙げる同じ三つの問題にぶつかるからだ。どこに記憶を貯蔵するのか。どうやって記憶を専用の貯蔵場所に保存するのか。必要に応じて、どのように記憶の引き出しを開いて記憶を想起するのか。脳には、記憶を担う解剖学的な部位がおもに三つある。一つ目は、脳の後部を占める一群の領域だ。ここでは便宜上、「後部皮質」と呼ぶ。そこには特に大切な思い出が貯蔵される。二つ目は海馬だ。側頭葉の奥深くにある部位で、脳がこれらの記憶を適切に保存できるようにする。三つ目は、前頭前皮質（前頭前野）に含まれている領域だ。この領域は額《ひたい》のすぐ後ろに位置しており、記憶の引き出しを開いて記憶を想起するのを助けてくれる。コンピューターのハードドライブに文書ファイルを保存したり、以前に保存したファイルを開いたりするたびに、あなたはコンピューターの記憶をいじっていると言えるが、脳はそれと同じように、あなたの記憶をいじる。

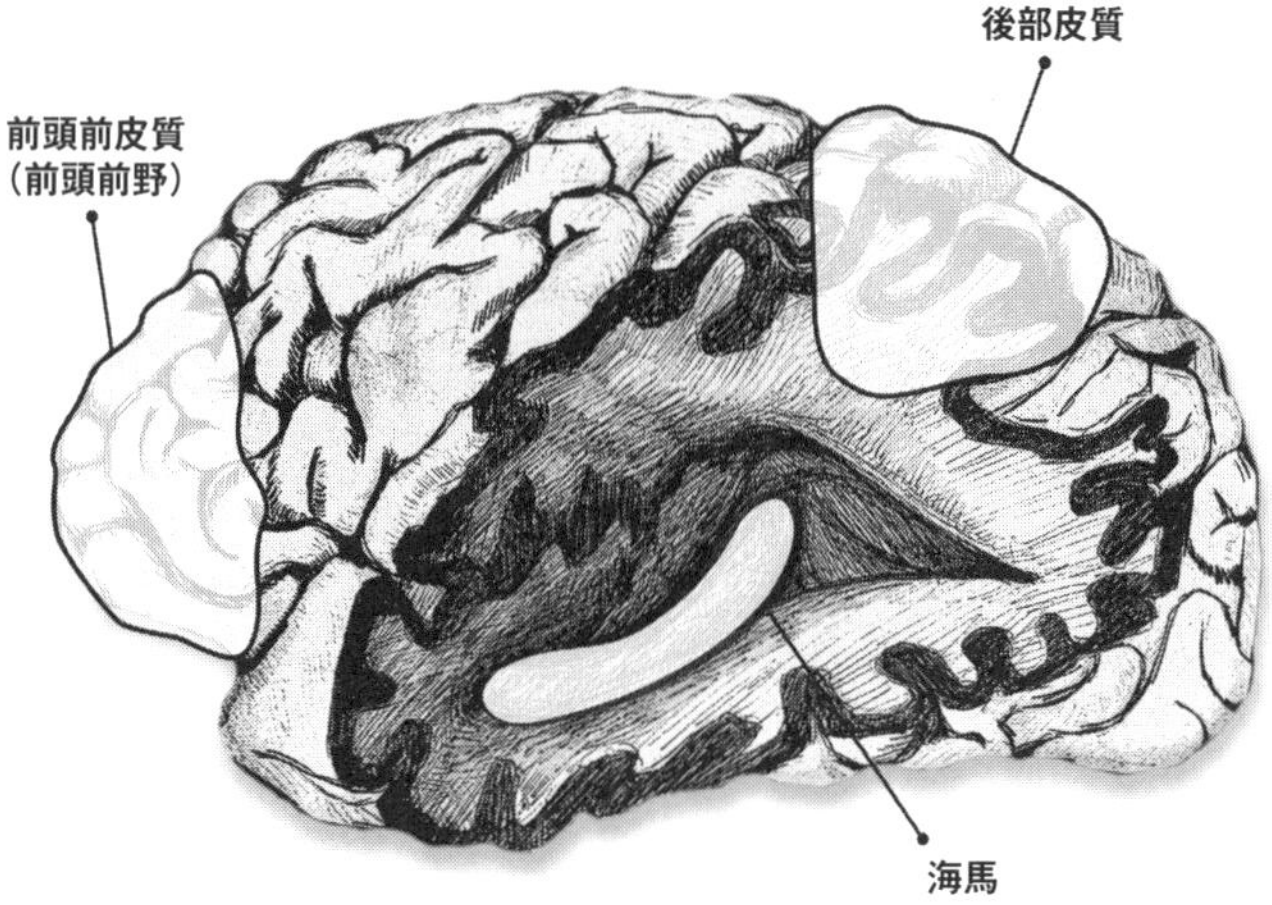

記憶や忘却にかかわる脳領域

コンピューターのハードドライブに保持する情報の基本単位は「ビット」（二進数の0と1）だ。一方、脳に保持する記憶の基本単位は神経細胞（ニューロン）だ。記憶のビットは神経細胞全体ではなく、細胞の先端にある。神経細胞を見ると、その大部分が、枝のように分岐して伸びる樹状突起という突起構造で構成されていることがわかる。樹状突起の表面には小さな棘《とげ》状の構造が無数にあり、樹状突起スパインと呼ばれる。樹状突起スパインは、きわめて小さいが重要な構造で、細かく分岐した木の枝から芽吹きつつある葉に似ている。神経細胞は、シナプスという接合部で互いに結合して情報を伝達するが、このシナプスが形成されるところが樹状突起スパインだ。スパインが大きいほどシナプス結合が強く、情報伝達は、いわば大音量のはっきりとした音声でおこなわれる。神経細胞は、卵形の肝細胞や立方体状の心臓細胞といった体内のほかの細胞とは見た目も違うが、神経細胞の本当に際立った特徴は、情報を伝達する神経細胞と神経細胞のあいだにシナプスという接合部があることだ。仮に、ある臓器の機能が、その臓器の細胞群がおこなう一つの特徴的な機能によって単純に定義されるとしよう。たとえば、肝細胞の機能は解毒、心臓細胞の機能はポンプだ。これに従えば、「脳細胞がシナプスを介して結合すること」は脳の機能のなかなかよい定義である。

樹状突起スパインの数やサイズは、私たちが経験することに応じてつねに変化するので、シナプス結合はがっちりと固定されているのではなく可塑性《かそせい》があると言える。ある神経細胞と周囲の神経細胞が一定以上の強さで同時に刺激されると、それらのスパインは成長する。スパインが十分に増えて大きくなると、神経細胞間の結合が強化される。新しい記憶が形成されるときには、これが起こる。このような神経細胞の結合について言い表したのが、「一緒に発火（興奮）する神経細胞同士はつながる」という神経科学の原則だ。一方、神経細胞が、周囲の細胞と同調しない形で刺激を受けると、スパインは小さくなる。これが忘却の際に起こる。というわけで、神経細胞の先端にある樹状突起スパインは記憶の情報ビットなのだ。

スパインの形状とサイズは脳機能にとって非常に重要なので、スパインには精緻な成長プロセスに専念する一群の分子ツールが含まれている。これらのスパイン成長ツールは脳のすべての神経細胞に含まれているが、話を単純にするため、本書では、記憶に関与する神経細胞に含まれているツール群をまとめて「記憶ツールボックス」と呼ぼう。スパインの成長には大量のエネルギ

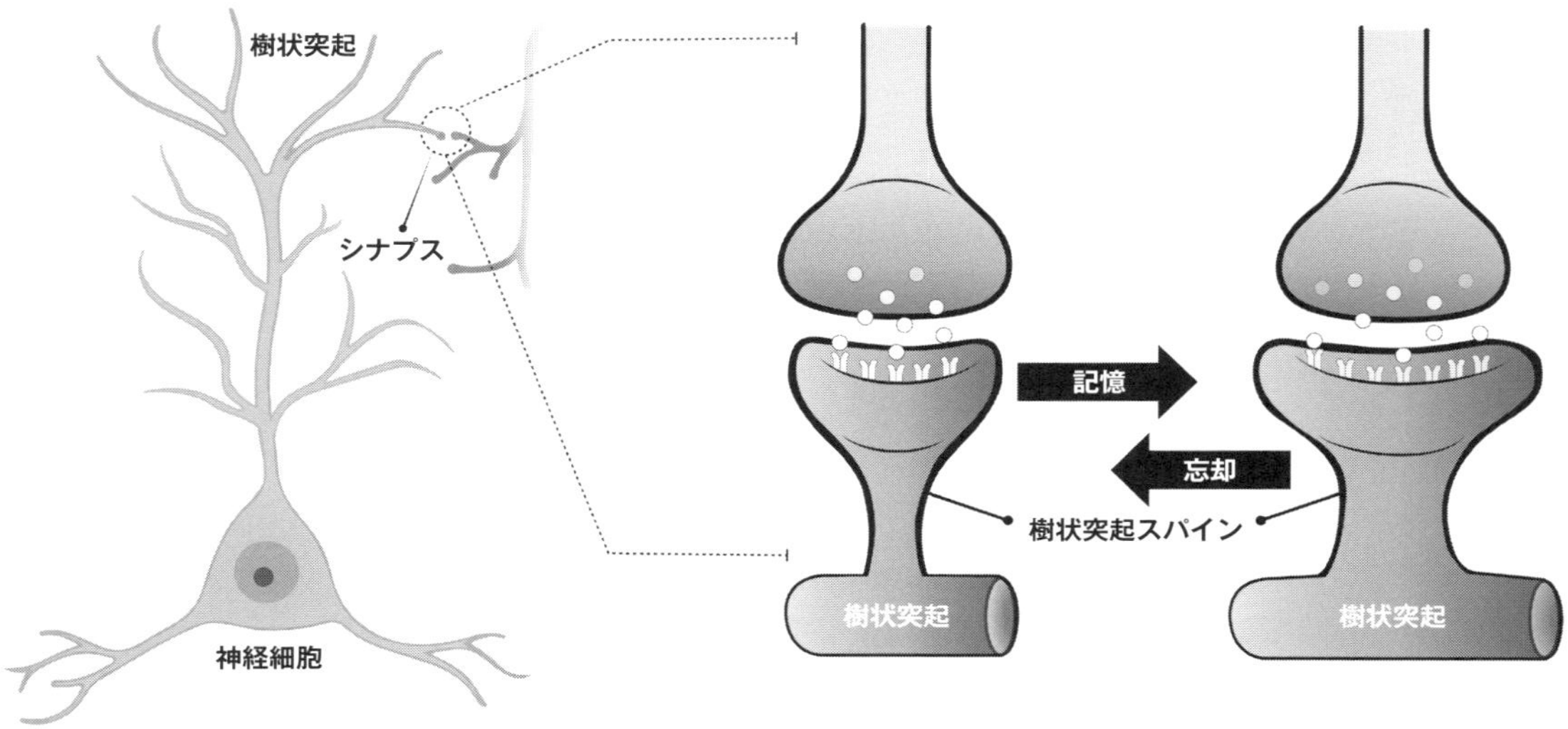

記憶と忘却の神経細胞「ビット」

ーが必要だが、さらに重要なこととして、神経細胞はスパインを慎重に増やす必要がある。もしスパインの成長があまりにも盛んだと、神経細胞がスパインに覆われてしまい、細胞同士の情報伝達は雑音だらけで送受信がうまくできなくなる。スパインが成長しすぎると、神経細胞が情報を伝達するときの音量が上がりすぎてしまい、その結果、金切り声が聞き取れないのと同じ状態になるのだ。エネルギーの投入とスパインの成長の微妙な線を綱渡りするように、記憶ツールボックスは省エネで効率的にスパインを増やす。しかも、そのやり方は入念に調整されている。

カールの脳では、依頼人の顔と名前を結びつけて記憶が形成された。これは二個の神経細胞のあいだで起きたのではない。その記憶は、依頼人の顔の情報を符号化した何百万個もの神経細胞と、依頼人の名前の情報を符号化した何百万個もの神経細胞の結合が強化されたときに生じた。別々の刺激間でつながりを形成することが、記憶の要である。あなたも、複数の感覚的要素が一つにまとまった複合的な記憶をいくつも思い浮かべられるはずだ。カールが新しい依頼人の名前と顔を結びつけることを学んだのは、連想記憶（連合記憶）の学習例と見なせる。神経科学では、このような顔と名前の関連づけが実験でよく用いられるようになっている。一見、顔と名前の関連づけは、二つの単純な構成要素のあいだで起きるように思える。だが、顔は見るもの、名前はたいてい聞くものであり、視覚情報と聴覚情報は脳の異なる領域で処理されるので、両者の関連づけは、これら二つの異なる感覚を橋渡しするものでなくてはならない。

さらに、心の目では、顔は一つのまとまりのように見えるかもしれないが、そのような一体感のある対象物だと認識するためには、脳は、顔を構成する複数の要素、すなわち目鼻立ちの各パーツの形やパーツの空間的な配置をまず再構築しなければならない。また、人の名前を聞いたときには、脳の別の部分が個々の聴覚的要素から名前全体を同様に再構築しなければならない。私たちは顔と名前の関連づけをよく経験するので、それは自動的でごく単純なプロセスだと思えるかもしれないが、実は、そこには連想記憶の複雑さが詰まっている。

幸い、顔と名前の関連づけは、実験室で比較的扱いやすい。多くの顔写真と名前の録音記録を用意したうえで、これらの感覚刺激の組み合わせ方や提示する時間、順序を変え、連想記憶が形成されるプロセスの各段階を調べることができる。顔と名前の関連づけは、チョウの標本作りの実験版と呼べるようなものになっている。すなわち、瞬間的で動的なプロセスをピンで固定するようにとらえて、羽ばたきのように微細で複雑な連想記憶の情報処理プロセスをじっくり詳細に観察するのだ。このような理由から、私の研究室を含めて多くの研究室が、ＭＲＩスキャナーを用いて脳機能をマッピングする実験方法を考案している。実験ではたとえば、実験参加者にまず顔写真を見せると同時に名前の録音を聞いてもらい、顔と名前を覚えてもらう。そのあと、顔と名前のどちらかを提示して、もう一方を思い出してもらい、そのときの脳機能を視覚化する。こんなふうにして、カールの主要な症状を実験で観察した。

顔と名前の連想記憶の研究に基づけば、カールが新しい依頼人に初めて会ったときに後部皮質の視覚野で起きていたことを説明できる。脳はまず、どんな複雑な対象も構成要素に分解する。

それから、大脳皮質にある専門の領域が全体を再構築していく。この再構築プロセスは、「ハブ・アンド・スポーク」方式に従う。ハブ・アンド・スポークとは、自転車の車輪のスポーク(細い棒)がハブ(中心)から外へと伸びている様子にたとえられる大手航空会社の航空路線網のことで、地方空港(地方ハブ)からの路線が拠点の大型空港(ハブ)に集中する。視覚情報を扱う視覚野では、地方ハブに相当する領域で視覚情報の処理をおこなって、色や形といった基本的な視覚的要素から個々の目鼻立ちを再構築する。これらの低次のハブで処理された情報は、より高次のハブに向かい、最後には最終目的地である中央ハブに集まる。そして中央ハブで、統合された全体――カールの例では依頼人の顔――が元どおりに組み立てられる。

カールが依頼人の名前を初めて聞いたとき、視覚処理と並行する形で、聴覚野が聴覚的要素についてハブ・アンド・スポーク方式の再構築をおこない、最終的に聴覚野の中央ハブで依頼人の名前を表現(表象)した。

MRIスキャナーを用いれば、カールの依頼人の顔と名前が再構築される各段階の解剖学的な部位を正確に特定できる。仮に、それぞれの段階が起こる部位に電極を挿入して電気で刺激した場合、低次のハブを刺激しても、顔を見たり名前を聞いたりする経験は再現されないだろう。中央ハブにある神経細胞を電気で刺激したときのみ、カールが依頼人の顔を見て名前を聞くという経験が再現されるはずだ。

中央ハブは後部皮質に集まっており、そこに記憶が最終的に貯蔵される。よく見ると、異なる

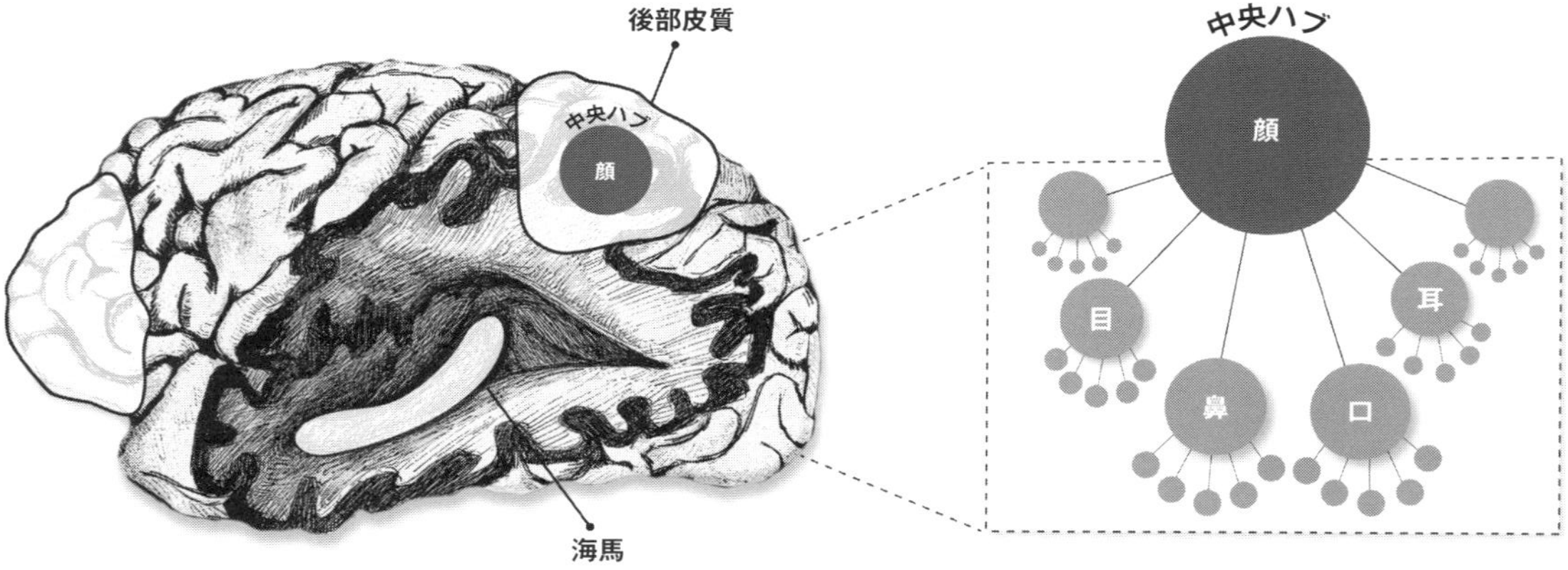
後部皮質
中央ハブ
顔
海馬
中央ハブ
顔
目
鼻
口
耳

感覚情報の再構築

中央ハブの神経細胞同士がシナプスを介して互いにつながっていることがわかる。それらの神経細胞が十分な強度で同時に刺激されると、細胞内の記憶ツールボックスが開いて樹状突起スパイン成長ツールが活性化する。そして新たなスパインが成長すると、顔のハブと名前のハブが結びつけられる。これでカールは、依頼人に今度たまたま出会ったら、名前に関与する神経細胞が活性化して依頼人の名前を思い出す。少なくとも、カールが若いころには、それが彼の心で認知的に楽々とおこなわれた。

名前を思い出す能力は、視覚野と聴覚野のどこに病変があったとしても損なわれる可能性がある。たとえば、低次のハブで脳卒中が起きたり腫瘍が生じたりすれば、高次のハブへの情報の流れが遮断されるので、顔や名前の再構築が妨げられる。だが、低次のハブで感覚情報の流れがせき止められると、感覚刺激が中央ハブに到達できなくなるだけではなく、目が見えない状態（皮質盲）や、耳が聞こえない状態（皮質聾《ろう》）が起こることもある。また、まれな神経変性疾患によって、中次元のハブが異常をきたしたり死んだりすることもある。すると、やはり顔や名前の再構築が妨げられ、患者が知覚異常を経験することにつながる。病変が最も高次の中央ハブに限局している場合もある。病変の部位が顔の中央ハブだったら、顔の認識が困難になる。この場合には、特定の人の顔だけではなく、全般的に人の顔がわからなくなる。これは失顔症（相貌《そうぼう》失認）と呼ばれる症状だ（この興味深い症状について詳細に知りたければ、二〇一五年に惜しまれて亡くなった元同僚のすばらしい神経科医、オリヴァー・サックスの代表作『妻を帽子とまちがえた男』（高見幸郎・金沢泰子訳、早川書房）を読んでほしい[1]。

カールの神経学的検査から、視覚野や聴覚野に病変がある可能性は除外されたように見えた。それを確定するMRI検査をオーダーする前に、初診の段階で、ほかの解剖学的な部位が忘却の原因である可能性も検討する必要があった。カールに症状のことをくわしく話してほしいと求めると、彼はあのエピソード〔個人が体験した出来事〕をふたたび取り上げた。新しい依頼人と初めて面会してから数カ月後に、ざわめくマンハッタンの通りで、その人と出会ったときのことだ。カールの話では、依頼人の名前は最後には思い出せたが、以前より時間がかかり、頭も使ったとのことだった。かつては、名前にせよ、野球の統計情報や詩、法律にせよ、何の苦もなく頭にただ「パッと浮かんだ」という。この話から、顔の中央ハブと名前の中央ハブはカールの脳内で依然として結びついているものの、それらの働きが以前ほど効率的でなくなっているのだとわかった。

カールが記憶について、たいてい頭に「パッと浮かんだ」と話してくれたことはヒントになった。多くの形式の記憶は意識下で処理される。たとえば、この文をキーボードで入力する運動技能を習得した私の記憶もそうだ。それに、どの形式の記憶でも、シナプス可塑性という同じメカニズムによって神経細胞間の結合が強まる。だが、意識的に思い出せる「顕在記憶」という記憶は、多くの中央ハブ間の結びつきによって形成される。カールは依頼人に初めて会ったとき、単に依頼人の顔を見て名前を聞いたのではない。そのエピソードには、カールが依頼人に初めて会った場所、つまりカールのオフィスや、面会の時刻など、もろもろの周辺情報が含まれていた。たとえば、依頼人の香水の匂いというように、視覚や聴覚以外の感覚情報も含まれていたかもしれない。感覚情報の各要素は、カールの大脳皮質にある別々の中央ハブで再構築される。それらの情報がすべて後部皮質の記憶の貯蔵領域に集まり、同時に経験されたときには結びつきが強化される。要素同士が互いに強く嚙《か》み合うほど、依頼人についての顕在記憶はカールの意識に強く浮かび上がる。

この嚙み合いの強さは、大脳皮質とは別の海馬という部位によって決まる。脳には左右一対の海馬がある。湾曲した円筒形の構造で、小指ほどのサイズがあり、側頭葉奥深くの下側に位置している。海馬は一六世紀に発見された。この時代の解剖学者たちは、新しく特定した脳の部位に命名するときにルネサンスの思想に満ちた想像力を働かせることがあり、彼らにはCの字形をした海馬がタツノオトシゴ（ラテン語はhippocampus）のように見えたので、そう名づけた〔海馬は英語でhippocampus〕。解剖学者たちは、彫刻のように優美な形の海馬がどんな働きをするのか長らく疑問に思っていたが、海馬の機能はずっと解明されなかった。それがわかったのは、一九五〇年代になってからだ。二七歳の難治性てんかん患者の悪化していく発作を抑えるため、神経外科医たちが患者の脳を部分的に切除することを決断した。その大部分を占めていたのが両方の海馬だった。手術後、発作は止まったが、その男性患者は意識的な記憶を新たに形成することができなくなった。ただし、手術を受ける数カ月前までの意識的な記憶はほとんど影響を受けず、無意識的な記憶を習得する能力（新しい運動技能を習得する能力など）も損なわれなかった。

その患者が、新しい医師に紹介されたときのことだ。彼は、医師が病室にいるあいだは、医師を正しい名前で呼んで会話することができた。患者の視覚野や聴覚野のハブ・アンド・スポークは、正常に機能していたということだ。ところが、医師が病室を出て数分後に戻ってくると、患者は医師の名前を覚えていなかったばかりか、その医師に会ったという事実さえ意識的に思い出せなかった。その医師はそれから数十年にわたって彼を診たので、彼は同じ医師と何度も顔を合わせることになるのだが、その際にこのひどい病的な忘却が繰り返し起きた。彼は、人の顔と名前を関連づけることが二度とできなかった。つまり、大脳皮質のどんな種類のハブとハブも結びつけられなかった。手術以降に経験した状況や出来事、行った場所は何一つ、意識的な記憶として彼の頭にパッと浮かぶことはなかった。そのような症状はどう考えても悲惨だが、彼は手術を受けてから五〇年以上生きていたあいだ、どうやら精神的な苦痛を感じなかったらしい。要するに、自分の病的な忘却に関する意識的な記憶がなかったのだ。

その患者はヘンリー・モレゾンという。もう亡くなっているので、現在は公の場で名前を用いることができる。モレゾンのイニシャル（H・M）は、文献で彼について記述するときは今も用いられており、彼の事例研究は、発表から数十年が過ぎた今も取り上げられる。当時の脳手術は善意によるものだったが、H・Mの認知機能が損なわれたことは、お世辞にも神経外科分野の誇れる業績とは言えない。それでも彼の遺産は生き続けており、認知科学全般、なかでも記憶の研究分野に新しい展開をもたらしてきた(2)。数十年間に何千件もの研究がおこなわれたおかげで、今では新しい意識的な記憶の形成に対する海馬の機能について、完全とまではいかなくても多くのことが解明されている。

情報が中央ハブの間で結びつけられるのは、ゆっくりした慎重なプロセスだと判明している。中央ハブにある神経細胞の樹状突起スパイン、つまりハブ同士を結びつけるスパインは、刺激を受けると大きくなる。だが、そのプロセスは非常に脆く不安定で、絶えず刺激がなければ、スパインは元のように縮小する傾向がある。注意散漫な小学一年生のように、中央ハブにある神経細胞は記憶を「覚えるのが遅い」と考えられている。このようなシナプスの落ち着かない状態を打開するのが海馬だ。海馬は、厳しいが思いやりのある教師のように、これらの手に負えない新しいスパインを根気よく指導する。そのおかげでスパインは安定化し、ハブ同士が結びついて意識的な記憶が形成される。ひとたび中央ハブが教育を受けて後部皮質が意識的な記憶を貯蔵すると、教師こと海馬はもう必要とされなくなり、別の仕事に移ることができる。

海馬が大脳皮質を訓練するプログラムの仕組みは、二つの重要な発見によって明らかになった。一つ目は、海馬が大脳皮質にある各中央ハブと直通の情報伝達回線でつながっており、昔の電話交換手のような働きをすることだ。すなわち、あるエピソードの構成要素――感覚的要素、出来事があった時刻、場所など――をコードする中央ハブの一群が海馬に電話をかけ、各ハブが海馬の神経細胞の別々の小区域を刺激する。二つ目の発見は、海馬の神経細胞と大脳皮質のハブの神経細胞では、樹状突起スパインの成長の仕方が異なることだ。海馬の神経細胞は飲み込みが早い。だから、同時に刺激を受けると、スパインは急速に成長し、新しくて十分に安定性のある成熟したスパインになる。

カールが依頼人に初めて会ったとき、自己紹介のエピソードをコードする中央ハブの一群、言い換えれば、依頼人の顔や名前、面会時のほかのあらゆる要素を表す中央ハブの一群が海馬に一斉に電話をかけ、各ハブが海馬の神経細胞の別々の小区域を同時に刺激した。仮に海馬の小区域がピアノの鍵盤だとすると、依頼人との面会によってカールの海馬では、記憶という音符がいくつも重なった和音が鳴っただろう。海馬の神経細胞同士はすばやく結びつくので、海馬はそのようなエピソードがあったあとに短時間、中央ハブ同士を結びつける間接的な仲介役として機能する。海馬は、最初の面会という記憶の形成を開始したすべての中央ハブの注意を集め、各ハブを同時に刺激することによって教育を開始する。それから数週間かけて、中央ハブの神経細胞はもともとの覚えの悪さを徐々に克服し、安定したスパインを形成する。この時点で、依頼人との面会という意識的な記憶は、もう海馬から独立していると言われている。そのほうが都合がよい。なぜなら海馬の神経細胞は、新しいスパインを作るのが早いだけでなく、スパインを分解するのも早いからだ。それは、海馬がひとたび教育の仕事から解放されたら、教材をシュレッダーで廃棄してしまうようなものと言える。

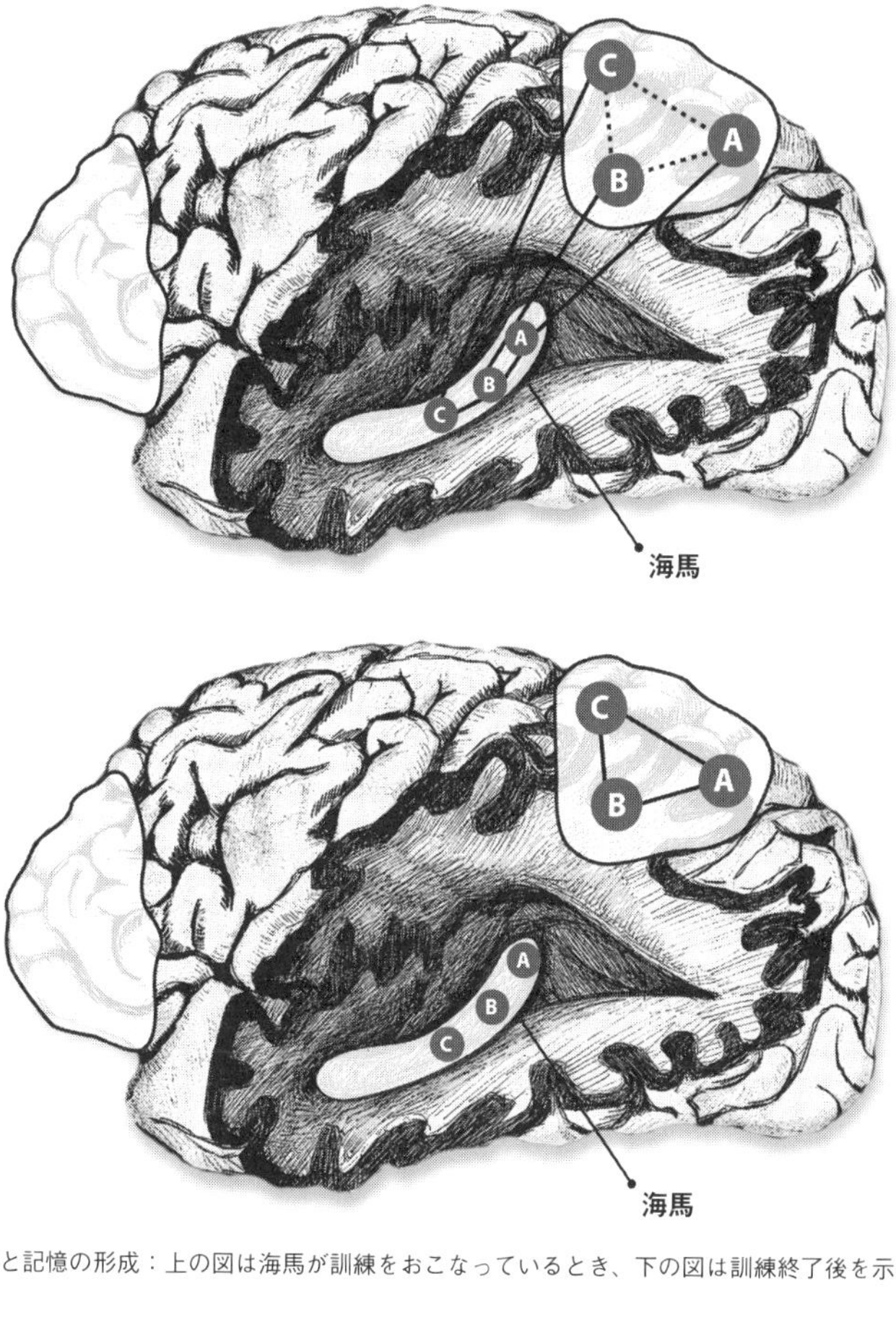

海馬と記憶の形成：上の図は海馬が訓練をおこなっているとき、下の図は訓練終了後を示す。

これによって、なぜH・Mが昔の記憶を呼び起こすのに海馬を必要としなかったのかがわかる。彼の大脳皮質は無傷だった。そして昔の記憶については、海馬による教育プログラムがすでに終了していたのだ。しかし、海馬が取り除かれたことによって、彼の脳は新しい意識的な記憶をまったく獲得できなくなった。専門用語を使えば、「前向性健忘」になったということだ。加えて、手術の数カ月前に起きたエピソードに対する「逆向性健忘」（昔の記憶を思い出せない障害）も多少あった。H・Mの逆向性健忘は時間と相関があり、過去数週間に起きたエピソードの記憶はまったくなかったが、過去数カ月間に起きたエピソードの記憶はいくらかあった。本来の逆向性健忘、つまり時間と相関のない極度の健忘は、中央ハブ内の情報が削除されたり、中央ハブ同士を結ぶ橋が崩壊したりして、かつて後部皮質に蓄えられた記憶が損なわれると起こる。このような、すべての記憶がごっそり失われることは、神経学的にはまれにしかないが、メロドラマでは思わぬ展開をもたらす仕掛けとしてよく利用される。

カールの病的な忘却を引き起こした可能性がある脳の部位として、海馬は考慮に入れる必要があった。だが、前頭前皮質も候補だった。前頭前皮質は、後部皮質にある記憶の貯蔵場所にアクセスして記憶を想起するのを助ける。海馬をコンピューター上の「保存」ボタンだと想像してみよう。この保存ボタンをクリックすれば、情報が一時記憶から長期記憶に移る。コンピューターの画面上に見えている情報をハードドライブに移すようなものだ。画面上の情報を保存する前にコンピューターが故障した経験のある人には、H・Mの人生がどのようなものだったかが多少ともわかるだろう。医師が診察室でH・Mを会話に引き入れている限り、彼は医師の名前をはじめ、医師の診療というエピソードのさなかに経験するほかの関連情報を覚えていた。だが、彼の注意がそれると、たちまちすべての情報が消えてしまった。医師がほんの数分でも診察室を離れると、それが起こったのだ。注意が向いている状態は、認知的には、コンピューターの画面上でファイルが開いている状態に相当する。ファイルが開いている限り、あなたはファイルに含まれている情報を思い出せる。言い換えれば、注意がそのエピソードに集中している限り、あなたはエピソードの関連情報を思い出せるということだ。一方で、たとえわずかな時間でも注意がそれることは、コンピューターの電源が切れることに等しい。情報は、長期記憶の貯蔵場所に保存するプロセスを開始しなければ永久に失われてしまうわけだが、実質的にそのプロセスを始めるのが海馬だ。

後部皮質とは違い、前頭前皮質はコンピューターのオペレーティングシステム（OS）の「開く」ボタンに近い。「開く」をクリックすることによって、フォルダー内に保存したファイルをスクロールして適切なファイルを探し出し、コンピューターの画面上に呼び出せる。同様に、前頭前皮質は、大脳皮質の貯蔵場所に保存されている記憶をスクロールして呼び出す。

脳をコンピューターにたとえるのはうまい比喩だが、どの比喩とも同じで不十分な面もある。

文書をコンピューターに保存するのとは違い、海馬の働きで記憶を大脳皮質に保存するのには数週間かかる。これによって、新しい意識的な記憶を形成する能力に個人差がある理由を説明できる。海馬が、ほかの人より効率よく働く人もいるのだ。若いころのカールは明らかにそうだった。また、コンピューターに格納されているどのファイルも、「開く」のコマンドなしには開けない。これは、コンピューターは自力では何の記憶もうまく取り出せないということだが、まれな病気や怪我のせいで前頭前皮質の機能がほとんど、もしくはまったくない患者でも、以前に蓄えられた記憶を探して思い出す能力はまだ維持されている。そのような患者では、その過程がゆっくりだったり、正確でなかったりするだけだ。

話を教育の比喩に戻そう。海馬が教師のようなものだとすれば、前頭前皮質は学校の図書館司書に近い。記憶を想起することは、学校の図書館から本を探して取り出すことに似ている。司書の手助けがなくても本を探せるかもしれないが、有能な司書は、そのプロセスを手早くおこなえる。

カールの初診が終わるころ、私は、彼の病的な忘却は二つの脳領域のどちらかの機能障害によって起こっているのではないかと見当をつけた。二つとは、記憶の教師である海馬と、記憶の図書館司書である前頭前皮質だ。理論的には、どちらの機能が低下しても同じ記憶障害が出る可能性があるが、カールの症例では、二つを区別するのに役立つ方法がいくつかある。私は彼に、名前を忘れたのは最近会った依頼人だけなのか、何年も前に会った依頼人もなのかを尋ねた。もし前頭前皮質が原因ならば、新しい記憶も古い記憶も思い出しにくいはずだった。だが、新しい依頼人の名前を思い出すことだけが難しいのなら、海馬が原因だと考えられる。

私はカールに、言葉を探し出すのに苦労するかどうかも尋ねた。母語の語彙の大半は、成人初期になるころには大脳皮質に記憶されている。文を書いたり話をしたりしている最中に、言いたいことをずばり表す一語が出てこず、あとで思い出して苛立ったことのある人は多いだろう。このような、言葉が浮かんでこないエピソードが増えている場合、神経科医は前頭前皮質に異常がある可能性をすぐに考える。

カールには、空間記憶能力の低下についても訊いた。海馬は何かのエピソードの各感覚的要素を結びつけるだけでなく、カールが依頼人と初めて会ったオフィスといった空間的要素を結びつけることも非常に得意だ。私は患者たちに、車を停めた場所、慣れた道を車で通るときの道順、鍵をしまった場所を忘れる傾向があるかどうかをよく質問する。ショッピングセンターを出たときに車の駐車場所が正確にわかっていたり、朝の出勤時に鍵の置き場所を正確に覚えていたりすれば、海馬がきちんと活動しているということだ。しかし、空間に関するこうした情報を記憶することが年々難しくなっていくのなら、海馬は、その機能が変化しつつあることを訴えている。神経科医である私にとって、それは警告だ。

カールは、次の三点については頑として譲らなかった。昔からの依頼人の名前を忘れたことはない、語彙が豊富なことに誇りを持っている、言葉を探し出すのに困ることはない、というのだ。それでも、空間記憶をたまに忘れるという点は確かに認めた。たとえば、孫とショッピングセンターから出たとき、どこに車を停めていたのかよくわからないといったことだ。カールはいつも、そのような物忘れをショッピングセンターの広さや喧騒のせいにしていたが、あとから考えれば、二三歳の孫は車を停めた場所を難なく思い出せたと話していた。

初診が終わるころ、私はカールの認知障害の原因部位を突き止められたとほぼ確信していた。病的な忘却の原因は、海馬に限局していた。カールの海馬は、彼の人生を通じて電話交換手の機能を十分に果たしていた。そのおかげで大脳皮質の中央ハブは、新しい記憶を同年代の人の多くよりすばやく、うまく貯蔵できた。だが、海馬は依然として機能していたものの、若いころより効率が悪くなっていたのだ。

私の考えを説明していたとき、カールが言った。「なるほど。スモール先生、先生の解剖学的なスキルはすばらしいですね。ですが、原因は何なのですか?」。私は彼に、もうしばらく辛抱してほしいとお願いし、一連の検査が終わってから来院されたときに結果を伝えましょうと約束した。

海馬の機能低下は、脳卒中や腫瘍などによる明らかな構造的病変や、ホルモンやビタミンの珍しい欠乏症によって起こることもまれにはある。だが、ＭＲＩ検査や血液検査から、これらの可能性は除外された。カールのような症例で最も重要な検査は、正式な神経心理学的検査だ。これは博士号を持つ臨床心理士という専門家がおこなうもので、誰もが受けたことがある、あの面倒な知能検査に似ている。筆記具やコンピューターを用いる一連の検査で、目的は認知機能を担う脳領域の働きを調べることだ。「認知機能を担う脳領域」には記憶に関与する領域が含まれるが、言語能力や計算能力、想像上の空間で物体を操ったり抽象的な推論をしたりする能力に関与する領域も含まれる。これらの神経心理学的検査は数十年のあいだに標準化され、年齢、性別、教育水準、人種的背景がさまざまな多くの患者で実施されてきた。神経心理学的検査は現在利用できる最も客観的な認知機能の測定法で、心臓専門医にとっての心電図のようなものだ。カールの症例では、これらの検査で前頭前皮質は問題なしと確認されたが、海馬の働きはわずかに低下していることもわかった。神経心理学的検査は、カールと同じ年齢層や同じ教育水準の人を含めて非常に多くの患者でおこなわれてきたので、その知見に基づいて臨床心理士は、若いころのカールの海馬がどれほど機能していたのかを推測できる。診断時、彼の海馬の機能は、ほかの七〇代の人びとより低くはなかったにせよ、彼とほぼ条件の等しい若い人びとよりは明らかに低かった。カールには、老化に伴って、海馬の機能低下による記憶力の低下が起きていたのだ。

七〇代で海馬に基づく記憶機能が徐々に低下する原因としては、二つの可能性がある。アルツハイマー病の最初期段階と通常の老化だ。アルツハイマー病は海馬の萎縮から始まり、初期段階では新しい意識的な記憶の形成がやや困難になる。やがて、病変は側頭葉や頭頂葉、前頭葉といったほかの皮質領域に広がり、より全般的で重度の認知障害が起こる。それが認知症の決定的な特徴だ。ただし海馬の機能は、通常の老化プロセスによる身体の衰えによっても損なわれる。老眼は、年を取ると私たちみなに起こる通常の視力低下だが、それと同じようなことが脳でも起こるわけだ。

目下、アルツハイマー病の最初期段階と通常の老化を確実に区別できる精密な検査法はないが、状況は変わろうとしている。アルツハイマー病では、二つの組織学的な異常が特徴的に見られる。脳に異常なタンパク質が蓄積して形成されるもので、アミロイド斑と神経原線維変化と呼ばれている。そのような異常を検出できる脳脊髄液検査が新しく開発されており、研究によって精度が向上しているのだ。これらの検査は現在、精度が評価されているところだが、臨床での実用段階に入りつつある。

アルツハイマー病の最初期段階と通常の老化による海馬の機能障害を区別する方法は、ほかにもある。それは、海馬について明らかになった、ある事実を利用したものだ。約一〇〇年前、個々の神経細胞を染色できる脳の染色法が開発された。その後、より新しい手段によって、海馬が数種類の神経細胞で構成されていること、そして、それらが種類ごとに密集した領域がつながっていることがわかった。つまり、海馬は均質な構造をしているのではなく脳の回路のようなものであり、各領域は回路のノードとして働いていると考えることができる。[3] 海馬領域は神経細胞の小さな島の集まりで、それぞれの面積はわずか数平方ミリメートルしかない。だから、生きている患者で神経細胞の島を視覚化するためには、解像度がサブミリ（一ミリメートル未満）の脳スキャナーが必要だ。私たちは、特に海馬領域の機能障害を検出する目的でＭＲＩスキャナーを最適化して解像度を高めた。これは研究室の革新的な成果として、よく知られているものの一つだ。私たちはこれらの機器を用いて、アルツハイマー病の最初期段階と通常の老化のいずれでも海馬の機能は影響を受けるものの、影響を受ける領域が異なることを見出した。現在、これらの画像検査の評価が、数百人を対象として何年にもわたって続けられている。画像検査によって、どれほど正確にアルツハイマー病の最初期段階と通常の老化を区別できるのかを知るためには、そのような長期間の臨床研究をするしかない。遠からず、結果がわかるだろう。

だがそれでは、カールの診断には間に合わない。たとえ決定的な証拠がなくとも、できる限り正確に診断することが医師としての責務だ。カールが次に来院したときには、検査結果が出そろっていた。私は、記憶力の低下をもたらす原因として二つの可能性を挙げ、その時点で私の臨床診断が、なぜアルツハイマー病ではなく通常の老化に傾いているのかを率直に話した。そのうえで、なかなか断定できないことを伝え、研究の現状を説明した。すると、カールの訴訟弁護士としてのスキルにスイッチが入った。彼は私を質問攻めにしてきた。あたかも、どうやって私がその結論にたどり着いたのか、現在の知識でどこまで言えるのかについて尋問するかのように。「記憶って何ですか？」。彼は問いかけてきた。「記憶はどうやって形成されるのですか？　海馬は何の働きをするのですか？」

こうしたスパーリングのような議論スタイルが、頓智《とんち》の利いたタルムード〔ユダヤ教の律法と学者たちの解釈を集めた議論集〕の問答に近いか、仮説を立てて検証するソクラテス式の問答に近いかは別にして、私はこの手の議論が嫌ではない――ちなみに前者は、私が子どものころ、イスラエルのイェシバ（ユダヤ教神学校）で初めて遭遇したもので、後者は科学的な議論の基礎をなす。というより、特に活発で真摯な議論なら、むしろ望むところだ。カールが繰り出す言葉に弁護士ならではのおどけたユーモアがちりばめられていたこともあって、議論は大いに盛り上がった。たとえば、カールはH・Mの症例についての私の説明を聞くと、片方の眉を上げ、H・Mを担当した神経外科医は患者の記憶形成能力を奪ったという理由で訴えられなかったのか、と愉快そうに尋ねた。

カールは私の確信のなさには当然不満だったとしても、アルツハイマー病ではないと私が考えていたことに安堵していた。言うまでもなく、カールは次に、認知機能の老化による記憶障害の治療法について質問してきた。治療法に目を向けた場合、生物医学分野では、老化プロセスで通常生じる症状の治療法を見出すために資源を投じるべきかという大きな問題がある。つまり、こういうことだ。紛れもない病気であるばかりか、最終的にははるかに深刻な結果をもたらすアルツハイマー病だけに的を絞って治療法を探索すべきではないのか？

私は一九九九年のインタビューで、このジレンマをめぐる不安を口にし、製薬業界ともども苦境に立たされた。それは、認知機能の老化について最初の論文を発表したあと、CNNの番組への出演を依頼されたときだ。私が何気なく、「心にとってのバイアグラ」を開発すべきなのかという挑発的な疑問を口にしたところ、それがインタビューのタイトルになってしまった。それから二〇年にわたり、認知機能の老化に関する神経生物学の研究や、おそらくより重要なこととして、認知機能の老化が個人や社会に与える影響についての研究がおこなわれ、私の疑問に対する答えが得られつつある。

二〇〇九年に私は、認知機能の老化をテーマとするシンポジウムの運営支援を頼まれた。このシンポジウムには、生命倫理学者やアメリカ食品医薬品局（FDA）の代表者も参加した。このときのシンポジウムやそれ以降の公開討論会から、通常の老化に伴う記憶力低下の治療法を開発することは妥当かつ正当化できるというコンセンサスが生まれた。理由は、それによって、認知機能にかつてないほど複雑で大変な負荷がかかっている現代人の生活に有意義な影響を及ぼせるからだ。老眼鏡、さらには老眼手術の開発が妥当で正当と認められるように、認知機能の老化を治そうとするのは生命倫理の観点から見て筋が通っている。

私はこの見解を支持するが、認知機能の老化を治療するには、医薬品よりも運動や食事の改善といった生活習慣への介入のほうがふさわしいと今でも思っている。認知機能の老化は、すべての人で起こる。人間の寿命が世界全体で延びるにつれて、認知機能の老化は世界規模で広がりつつある。生活習慣への効果的な介入法は、経済的状況にかかわらず誰でも取り組めるという点から医薬品より望ましい。それに、深刻度がアルツハイマー病より低い認知機能の老化には、脳の生物学的機能への影響が少ない生活習慣への介入のほうが、医薬品よりはるかに適している。

私の研究室を含めてさまざまな研究室が、認知機能の老化に対する運動療法や食事療法の効果を研究している。(4) 認知機能トレーニングの効果を調べている研究室もある。食事療法と認知機能トレーニングのどちらについても、認知機能の老化の改善効果があるという結果を期待できる理由はあるが、現時点では、臨床で推奨できるという最低限の基準を満たしているのは運動だけなので、私はカールに運動を勧めた。ただ、カールは薬を処方されるほうがよかったのではないかという気がして、彼からまた友好的な追及を受けても仕方ないと覚悟した。しょせん、運動は認知機能の老化を根本的に治す方法ではないからだ。しかしカールは、アルツハイマー病ではないと私が思っていることに心からほっとしたからか、はたまた医師としての限界を私が率直に認めたことを理解してくれたからか、まんざらでもなさそうだった。「わかりました」。彼は皮肉めかして、こう言い添えた。「妻は満足するでしょう。私の体重のことをずっと気にしていましたから」

私は、受診を継続したほうがいいとも助言した。決定的な診断検査がなく、医学的に確信が持てない以上、カールの認知機能や症状の経過を長期にわたって追っていくことが、私の診断を確定ないし否定する最良の方法だったからだ。カールは、コロンビア大学記憶障害センターで実施されている数々の調査研究に参加することにした。一つ目は、アメリカ国立衛生研究所（NIH）の資金援助を受けている観察研究で、神経心理学的検査とMRI検査を繰り返しながら患者を長期間追跡する研究だった。二つ目は、人生が終わったときにおこなわれる病理解剖（剖検）研究だった。それは、私が説明したように、カールの正確な診断結果を確実に得るための唯一の方法だったし、死後の脳組織が研究の役に立つという利点もあった。カールはその場でこの機会に飛びつき、自分の脳を「科学のために！」提供したいという熱い思いを太い声で表明した。もっとも、その力強さは、子どもや孫に対する心配を覆い隠すための、いかにもカールらしい虚勢だとあとでわかった。彼は内心、病理解剖でアルツハイマー病だとわかったら子孫に遺伝的な影響があるかもしれないと心配していたのだ。

カールは半年に一度、診察に訪れた。つねに申し分のない服装をして、いつも待合室を歩き回っていた。彼に会うのは毎回、純粋にうれしかった。カールは何かで読んで知ったサプリメントから瞑想、ヨガなど、記憶に効果的とされるあれこれの手段について私に質問し、根拠として新聞の切り抜きを持ってきてくれることもあった。私はどんな話にも耳を傾けるつもりだったし、この研究分野では未知の部分が多いことを痛感していたので、彼が何か提案してくれたら検討した。認知機能を改善するという主張の元となった論文をダウンロードして読んだりもした。なかには信頼できそうな手段もあったとはいえ、推奨される治療法としての最低限の基準を満たすものは一つもなかった。ただ、害がないものについては、その効果を探ってみることをカールに勧め、その後どうなったか教えてほしいと伝えた。結局、どれにも効果はなかったが、意外というか、そうでもないというか、カールは瞑想を楽しむようになり、その習慣を続けた。カールは半年ごとに診察を受け、一一年後に心臓の病気で亡くなった。認知機能については、カールの海馬の機能障害、つまり記憶障害はやや悪化したが、病変が脳のほかの領域に広がることはなく、深刻な認知障害や認知症は起こらなかった。そのようなことから、彼の記憶障害の原因は、病気ではなく認知機能の通常の老化だったという考えが支持された。

最終的には、剖検によって診断が確定した。剖検が終わると、私は病院のエレベーターを二台乗り継いで、窓のない地下二階にある病理検査室に向かい、カールの脳切片について神経病理医と検討した。その時点で、私が脳の研究を始めてから三〇年近く経っており、カールの脳と向き合った期間は一一年になっていた。だが、どれほど長く脳を研究してきても、実際に知っている人の死後脳を目の前にしたときに湧き上がってくる畏れは抑えようがなかった。いくら知識があろうとも、それらの組織切片と生きた人とのあいだの隔たりは埋められない。神経細胞が何億個あろうと、神経細胞のシナプスの結合がどれほど精緻だろうと、神経細胞ネットワークの構造がいかに複雑だろうと関係はない。

担当の神経病理医は、もちろんカールを知らなかったので、私の大切な患者、すなわち今やステンレスの作業台に注意深く解剖学的な順序で事務的に並べられた彼の脳切片を見ても、私が受けたような衝撃や動揺は示さなかった。その神経病理医は、肝臓や腎臓の切片を検討するかのように、カールの脳切片を一枚ずつ冷静に検討していき、顕微鏡で観察して切片をいくつか選び出した。カールのかつて盛んに活動していた海馬や活発に働いていた大脳皮質には、アミロイド斑も広範な神経原線維変化も認められなかった。アルツハイマー病ではなかったのだ。

カールの記憶力は、最高レベルにあったころでも完璧だったわけではない。あるときの診察で、彼が文学好きなことに気づいた私は、「記憶の人、フネス」を渡して一読を勧めた。カールはその小説の筆致を高く評価し、要点を読み取ったが、それをうぬぼれについて物語る巧妙な喩え話にすぎないと考えていた。写真記憶は超能力であり、そんな能力があったらよいと思う、というのだ。一〇年以上前にカールが亡くなって以降、忘却を対象とする新しい研究分野で数々の重要な成果が発表された。もしそれらの知見があったら、写真記憶の能力は災いの元凶だということを、あの議論好きな友人にも納得してもらえただろう。これらの研究によって、正常な忘却を積極的に制御する神経細胞やシナプスの分子メカニズムが解明され始めた。そのような研究の結果は、先に解明が進んだ記憶の科学的メカニズムに関する知見と興味深い対照をなしている。数十年にわたる研究を通じて、記憶の神経学的な特徴は樹状突起スパインの成長だということが明らかになっていた。

一方、忘却の科学的メカニズムに関する初期の研究からは、忘却の神経学的な特徴は記憶の逆、すなわち樹状突起スパインの数やサイズの減少にすぎないということが示された。忘却は要するに欠陥のある記憶であって、単なる記憶のスパイン成長ツール群（記憶ツールボックス）の受動的な衰えだと考えるのが正しそうだった。このタイプの忘却は、カールが経験した通常の老化と、アルツハイマー病などの病的な忘却の両方の形式で起こりうる。しかし、正常な忘却では、そうでないことがわかった。過去数年の研究による新たな知見から、正常な忘却には、スパインを成長させるのとはまったく異なる一群の分子、つまり記憶ツールボックスとは別の分子ツールボックスが関与していることが明らかになったのだ[5]。この「忘却ツールボックス」が開くと、なかに入っているツールがスパインを慎重に分解し、スパインのサイズが小さくなる。

自然が私たちに、記憶に専念する分子ツールボックスと、忘却に専念する分子ツールボックスという別々のツールボックスを授けたという発見は、忘却は単なる記憶の衰えだという一般的な見方を明らかに覆すものだ。もっとも、これは必ずしも、正常に起こる忘却が有益だという意味ではない。つい、そのような結論に導かれそうになるが、それは間違いかもしれないのだ。なにしろ、自然は私たちに虫垂（盲腸）を与えた。忘却ツールボックスは何の役にも立たず、古代からの遺物の痕跡にすぎないという可能性もある。いや無害な遺物どころか、現代という進化的に比較的新しい環境――認知機能への負荷が高く絶えず変化している環境――では、思いがけず有害になることもありうる。ひょっとすると、進化のメトロノームは本来、ゆっくりとしたものだが、いずれ進化が認知負担の大きな今の時代に追いつけば、万人を悩ませるような忘却を引き起こすツールボックスは取り除かれるかもしれない。そうなったら、進化によって人類は、容量に制限のないコンピューターのクラウドのように、無限と言えるほどの記憶力と絶対に忘れない心を持つことになるだろう。

しかし最近の研究から、忘却ツールボックスは、実際には有益な目的を果たしており、現代の複雑な世界にすばらしく合った明らかな利点をもたらしていることが示されている。忘却は認知機能にとって恵みなのだ。経験に応じて神経細胞同士の結合の強さが変わることはシナプス可塑性と呼ばれ、その動的変化に関する理解は深まっている。車のエンジンをはじめとする、複雑な動的システムのように、シナプス可塑性にもアクセルとブレーキの両方が必要だ。スパインの縮小は忘却ツールボックスに制御されており、記憶ツールボックスがスパインを成長させるときと同じ二つのルールに従う。ただし、方向が逆転している。スパインの成長は、同調した入力を神経細胞が受けると引き起こされるが、対照的に、積極的なスパインの縮小プロセスは、時間的にばらばらな入力を神経細胞が受けるか、それまでの入力を無効にする新しい入力を受けると引き起こされる。そして、記憶ツールボックスがスパインを徐々にとはいえ着実に成長させるのとちょうど反対に、忘却ツールボックスはスパインを慎重に縮小させる。

忘却ツールボックスの利点が最も明らかに示されているのは動物モデルにおいてで、代表的なのはショウジョウバエとマウスだ。それらのツールボックスに入っている特定の分子の機能を選択的に操作したときに、その動物の行動がどうなるかが観察されている。このような分子の意図的な操作は、言うまでもなく倫理的な理由から人間（ヒト）ではおこなえないが、この先の章で触れるように、遺伝子に偶然生じた突然変異によって忘却の意義が明らかになることがある。動物は口を利かないので、意識的な記憶が「パッと浮かぶ」経験をするか否かを確実に知ることはできないが（ペットがいる人は、自分のペットがそんな経験をするはずだと思っているかもしれないが）、神経生物学者は人間を対象とした神経心理学的検査に似た巧妙な行動課題を編み出しており、こうした複雑な記憶の仕組みを実験動物で調べている。

神経細胞は、きわめて重要なシナプス部分を含めて、どの動物でもほとんど同じに見える。あまりにもそっくりなので、ベテランの神経生物学者でも、ショウジョウバエとマウスと人間の神経細胞やシナプスを見分けるのに苦労するほどだ。どの動物でも神経細胞を構成する分子群は似ており、これらの分子（多くはタンパク質）が神経細胞の構造や機能を支えている。当然ながら、記憶ツールボックスや忘却ツールボックスの主要な分子は、すべての動物、すべての神経細胞でほとんど同じだ。では、数々の分子的な操作によって、動物モデルで忘却に関与する分子の活動を抑制して正常な忘却が起こらないようにすればどうなるだろうか？　認知面や感情面で大混乱が起こる。そのあとで、これらの分子を活発化させて忘却を加速させると、認知と感情の両方の指標が改善する。より正確に言えば、本書を通じてわかるように、正常な記憶と正常な忘却は一致協力して私たちの心のバランスを取っており、混沌としてときには有害な環境に直面しても私たちが健全でいられるようにしているのだ。

私たちは一生、学び続けて知識を増やしていく。私は、今では以前より深く理解していること、この新しい忘却の科学研究からわかってきつつあることをカールに説明する機会がなかったのが悲しい。彼の心が忘れる能力に恵まれていたということを、本人に伝えたかった。ちなみに、この「忘れる能力」とは、彼が晩年に経験した、通常より促進された忘却、つまり病的な忘却を意味するのではなく、若いころを通じて経験した忘却のことだ。確かに、何でも覚えて何も忘れない脳は、野球の統計情報を引き合いに出したり詩を暗唱したりすることは得意かもしれない。それに、そのような脳のほうが、不変の世の中では力を発揮できるだろう。たとえば、映画『恋はデジャ・ブ』で俳優のビル・マーレイが演じた主人公のように、何度目覚めても同じ日を繰り返すのなら、そのほうが都合がいい。そのような脳は、法律図書館で永久保存されている大量の犯罪記録が容易に引き出せるように、何事も永久に記憶し、かつすぐに思い出すことができる。だから、脳の持ち主に何らかの危害が加えられたら、その苦痛も決して忘れない。だが次章で見るように、何でも覚えて何も忘れない脳は人生のさまざまな局面で困難をもたらすだろう。

第二章　平穏な心

「フレディは小学生になったばかりで、歌いながら歩いて通学するのが好きでした」。フレディの母親は小児科を訪れたとき、息子のことを優しい口調でそう説明し始めた。おそらく彼女は、受診した本当の目的を覆い隠して自分を鼓舞していたか、息子が奇妙な行動をしていたにもかかわらず、本当に悪いところはないのだと自分に言い聞かせようとしていたのだろう。だが、もしそうだったとしても、そのベールはすぐにはがれ落ちた。フレディは歌だけでなく数字についても驚くほど記憶力がいいといった明るい話をいくつかしたあと、彼女は涙ながらに、近ごろ息子の行動が手に負えなくなり、家でも学校でも生活がめちゃくちゃになっていると説明した。フレディは、いつもはいい子なのに、自分の日課や周囲のものに少しでも変化があったことに気づくと、いきなり腹を立てる。家の本棚に並んでいる本のうち、一冊の置き場所がわずかに変わっただけでも不満を募らせ、本がすぐさま元の場所に戻されなければ、かんしゃくを起こす。フレディが毎日の決まりごとを変えてはダメだと言ってきかないので、日課はまるで儀式のようになった。母親が通学路を変えようとしただけでもフレディは怒りを爆発させ、手をつないで一緒に歌いながら親子で登校する楽しいひと時も台無しになった。

フレディを診た小児科医のレオ・カナー博士（フレディを「フレドリック」と呼んだ）は、二〇世紀なかばにジョンズ・ホプキンス病院で働いており、ほかの小児患者の親たちから同様の症状について二度三度と聞くうちに、あるパターンに気づき始めた。患者はみな四歳から八歳で、たとえばチャーリーという男の子は、食卓が毎晩まったく同じように整えられていないと周囲に当たり散らした。チャーリーが覚えているとおりに食器を置き直してからでないと、家族は席に着けなかった。スーザンという女の子は、家族の誰も気づかなかった壁のちょっとした新しいひびも見つけて立ちすくみ、不安にかられた。リチャードという男の子は、寝る前の決まりごとをするときに最も意固地になり、毎晩きっちり同じ順番でやると我を張った。

やがて小児精神医学の父として知られるようになるカナーは、これらの事例研究を集め、新たに認めた小児の症状について重要な論文を二本執筆した。(1) 一九五一年に発表した「早期幼児自閉症における全体と構成要素の概念」という二本目の論文では、カナーが早期幼児自閉症の基本的な特徴と見なしたものについて述べている。ちなみに、この病気はその後、自閉スペクトラム症として知られるようになる。「自閉症の子どもは不変の世界で暮らすことを強く望む。その世界では、いかなる変化も許容できない」とカナーは書き、こう説明した。「[自閉症の子どもは]同一性を保ちたいという強迫的な願望にかられている。……現状が何としても維持されなければならない」。偶然のようだが、同じころ、ボルヘスが神経科学に関連するフィクションの「記憶の人、フネス」を著し、アンチヒーローのフネスが、外傷によって生じた写真記憶能力のせいで同一性の保持を求める強迫観念に取りつかれたことを描写した。カナーは、自閉症の子どもが「写真に撮ったり蓄音機で録音したりしたような正確で細かい」自分の記憶から逸脱するものを見聞きすると動揺すると記述している。

ほとんどの人は、本が詰め込まれている見慣れた本棚のそばを通りかかったとき、一冊が抜けていたり別の本と場所が入れ替わっていたりしても、まず気づかない。木を見て森を見る、つまり今の例でいえば、本を見て本棚を見ることは、心理学では汎化(一般化)と呼ばれることがある。この認知能力があるおかげで、私たちは物事の構成要素から一般的なパターンを引き出したり、構成要素を統合して一体感のある全体を作り上げたりすることができる。カナーは、構成要素を難なく再構築して全体として見る標準的な認知能力を持つ人とは異なり、自閉症の子どもは構成要素に過度に執着すると結論づけた。

フレディをはじめ、カナーが自閉症と診断した多くの子どもは、フネスの場合と同じく驚異的な記憶力を持っていたが、記憶できるのはたいていある一種類の内容に限られていた。そのような記憶は創造的な連想が働かないもので、機械的記憶と呼ばれることがある。曲を一回聴いただけで歌詞や旋律を丸暗記したり、数字の長いリストを一気に暗唱したりするのは機械的記憶の例だ。ただ記憶の種類はともかく、記憶力と、構成要素から全体を見て取る能力との関係は、ボルヘスがいち早く小説で描いた。これは、心の働きに関する文学的洞察がしばしば科学的知見に先行することを物語っている。カナーは、どのような種類の記憶についても、構成要素から全体を見て取る能力と明確に結びつけなかったが、ボルヘスは、認知的な一般化がおこなわれるためには、記憶と正常な忘却のバランスが取れている必要があると見抜いた。若いフネスは物事を何一つ忘れられなかったので、一つの感覚的経験を次の感覚的経験に結びつけて一般化することができず、たとえば朝日のなかで見た犬と、夕闇のなかで見た犬が同じ犬だとわからなかった。そして、何も忘れられないフネスは、人生で絶えず生じる変化から逃れる唯一の術《すべ》は、薄暗く静かで変化のない部屋に引きこもり、生活をルーティン化して感覚への負担を最小限に抑えることだと気づいたのだ。

今では科学が文学に追いついた。新しい科学である忘却の研究から、ボルヘスの科学的な小説でほのめかされている一般化と忘却についての前提が正しかったことが示されている。要するに、私たちは認知的な一般化をおこなうため、正常な忘却に頼っているのだ(2)。また、科学研究によって、ボルヘスの前提の妥当性が確認されただけでなく、健全な認知能力を保つために、なぜ、どのように忘却が必要なのかも解明されつつある。

動物モデルを研究している科学者たちは、ボルヘスの洞察を確認したり説明したりするため、マウスやショウジョウバエで研究してきた。一方、自閉症を研究している臨床科学者たちは、忘却が心にどんな効果をもたらすのか、私たちが刻々と移り変わる世界と認知的にかかわるうえで忘却がどう役立つのかについて知見を広げてきた。多くの臨床科学者が、自閉症を一つの病気ではなく一群の障害としてとらえるべきだと主張している。なぜなら、自閉症の病因は一つではないと考えられているからだ。患者家族団体を含めて一部の人びとは、自閉症は障害ですらなく、社会技能《ソーシャルスキル》が正常範囲内で低いタイプにすぎないという立場を支持している。自閉症が複数の障害なのか、一つの障害なのか、障害でないのかは別にして、最近の遺伝学研究から、自閉症者で機能が変化していることが確実な遺伝子群が特定されている。これらの遺伝子が作り出すタンパク質の多くは、忘却に関与する分子ツールボックス、つまり忘却ツールボックスの一部だと判明しており、忘却を抑制することが見出されている。このような研究の進展によって、カナーが指摘した自閉症者の症状――自閉症者の多くが、不安を招く認知の混乱を鎮めようとして必死に同一性を求める――を神経心理学で説明できるようになりつつある。

このような研究は、正常な忘却をめぐる最大級の謎の解明につながる。その謎とはこれだ。忘却とは言うなれば、脳に記憶を足すのではなく脳から記憶を取り去ることだが、なぜ忘却が認知機能にとって有益なのか？

朝、あなたが異国の見知らぬ家ではなく自分のベッドで目を覚ましたとしよう。この場合、一日を通したあなたの行動の多くは、既存の記憶がどれほど柔軟なのかに左右される。もっとくわしく言えば、あなたの行動は、大脳皮質の記憶容量や大脳皮質の神経細胞に含まれている樹状突起スパインの数やサイズがどれくらいあるかや、海馬がこれらの大脳皮質の記憶貯蔵庫を新しい情報でどれほどうまく満たせるかということよりも、記憶の柔軟性に依存するところがはるかに大きい。たとえば、朝の日課、毎日の通勤、職場での同僚との交流や夕食時の家族とのやり取りが今日は昨日と少し違うというのなら、あなたは行動の柔軟性を示している。もし心が融通の利かないものだったらどれほど困るかは容易に想像できる。生活がいかにルーティン化されていようとも、目まぐるしく変わり続ける世界に対応するためには、既存の記憶が次々に変更されていくことが不可欠だ。美しい家の改築が解体と建設の組み合わせで進められるように、行動の柔軟性を得るために脳が編み出した最適な解決手段は、記憶と積極的な忘却のバランスを取ることだと判明している。

第一章では、神経生物学で二つの異なる分子メカニズムが特定されたことを取り上げた。一つは記憶するためのメカニズムで、もう一方は忘却するためのメカニズムだ。今では、それぞれの分子経路のボリューム調整つまみを実質的に回せる実験手法を動物モデルに応用できる。それで、動物に記憶や忘却のボリュームを上げ下げする操作を加えたときに、行動にどんな影響があるかを測定することが可能だ。たとえば迷路実験〔学習や記憶の能力を研究するため、動物に迷路を通り抜けさせる実験〕で、動物が迷路を抜ける最短ルートを学習しているときには、記憶メカニズムが「オン」になってボリュームが上がる必要があるのは疑いない。たくさん記憶できれば、迷路の複雑な構造や出口への道筋をすばやく学習できる。この実験では、動物が道筋を習得したのちに迷路をわずかに変えて、少し異なる道順を学習しなければならないようにすることがある。このとき、別の道順を学習するには、元の迷路に対して以前に確立された記憶を修正するほうが、まったく新しい記憶を一から形成するより効率がよい。記憶のボリュームをさらに上げたほうがいいのではないかと思う人もいるかもしれないが、この実験をはじめ、行動の柔軟性に関する研究によれば、別の道筋を学習する効率やスピードは、実際には記憶よりも忘却に依存している。勝手のわかった迷路で別の道順を学習するには、記憶の調整つまみはそのままで忘却のボリュームを上げるほうが早い。というわけで、行動の柔軟性を生み出すことは大理石の彫刻を作ることに似ており、忘却のノミが優位な役割を担っているのだ(3)。

記憶や忘却を促進するメカニズムは、分子レベルではショウジョウバエからマウス、人間まで、すべての動物で同じだということを思い出してほしい。樹状突起スパインの成長を引き起こして記憶のボリュームを上げる分子ツールボックスと、樹状突起スパインの縮小を引き起こして忘却のボリュームを上げる分子ツールボックスは、どの動物でも同じだ。ただ、動物モデルで行動の柔軟性に対する忘却の利点が見出されているとしても、人間という種が何かしら特殊である可能性はつねにある。だから、人間でも忘却が行動の柔軟性にとって不可欠かどうかは確かめなければならない。その一つの方法は、遺伝子突然変異によって忘却の機能が低下している人を探し出し、行動の柔軟性に影響があるかどうか、あるのならどんな影響なのかを突き止めることだ。自然には幅広い多様性があり、この問題を追求する機会は自閉症者によって提供されている。

ダニエル（ダン）・ゲシュヴィント博士は現在、世界を代表する自閉症の専門家だ。私は一九九〇年代はじめ、カリフォルニア大学ロサンゼルス校（UCLA）で内科のインターンシップ（臨床研修の最初の一年）を終えるころにダンと初めて会った。当時、ダンはUCLAで神経学のレジデンシー（臨床研修の三～六年）の一年目に在籍しており、神経科医になるための教育課程で私の一年先輩だった。その後、彼はUCLAにとどまり、私は東部に移動してコロンビア大学で研修を終えたが、私たちは駆け出しのころに育んだ友好関係をずっと維持してきた。友情の礎になったのは、二人とも還元主義的な見方をしており、すべての行動はどれほど複雑だろうと、構成要素である細胞や分子のレベルで説明できると考えていたことや、科学にとどまらず何事に対しても懐疑的な考えを持っていたこと、それに人からよく言われたが、突拍子もないことまでやりかねない悪ふざけの感覚も共有していたことだ。

ダンは物事を数量化して考える人物で、その思考は、彼が大学で化学を専攻し、M.D./Ph.

D.課程で人類遺伝学を研究したときに役立った。これらの分野を学んだおかげで、ダンは遺伝子の化学的本体（DNA）や機能を深く理解するに至ったが、彼や彼の研究プログラムを際立たせている特徴は別のところにある。ダンが高等教育を受け始めたころには、「遺伝学の革命」が始まってから数十年が過ぎており、「遺伝子発現」――各遺伝子に含まれている情報に基づいて、細胞のすべての機能を支配するタンパク質が合成されること――のプロセスはすでに解明されていた。この革命によって医学では、突然変異による遺伝子の欠陥が鎌状赤血球貧血などのまれな遺伝性疾患を引き起こすメカニズムが発見された。とはいえ、このような医学的発見がなされたのは、主として「単純」な遺伝性の疾患（単一遺伝子疾患）においてだった。ちなみに、人間の細胞には遺伝子が二万個以上含まれており、「単純」というのは、一つの遺伝子突然変異だけで病気が引き起こされることを意味している。一方、「複雑」な疾患は、多くの遺伝子のちょっとした欠陥とさまざまな環境因子の相互作用によって引き起こされる。

ダンが遺伝学に足を踏み入れたころ、何千個もの遺伝子の機能を同時に調べる新しい手法が開発されつつあり、遺伝学の守備範囲は複雑な疾患の分子生物学研究へと広がりつつあった。この分野でダンの非凡さ、すなわち幅広い情報を組み合わせて一つの概念にまとめあげる見事な能力が発揮された。彼は研究者として頭角を現し、研究プログラムは勢いづいた。ダンが率いる先駆的な研究者グループは、個々の遺伝子の機能や機能不全に注目するのではなく、何百個もの遺伝子が遺伝子ネットワークのなかで一斉に働く仕組みを明らかにする新しい手法を考案した。今では彼らのようなな研究者のおかげで、個々の遺伝子異常の影響はわずかでも、それが何百も積み重なったときに遺伝子ネットワークの障害が起こる様子を複雑な疾患で調べることができる。

大量の複雑な情報をまとめることができる知性は、人生の複雑さに対処するうえでも有用かもしれない。私はつねづね思うのだが、仮にダンは医学のキャリアでつまずいたとしても（医学にとっては大きな損失だが）、人生アドバイザーとして活躍しただろう。私たちはほぼ同い年だが、ともにUCLAで研修を受けていた若いころにダンは早くも自分の人生を見出していたようだった。彼はすでに幸せな結婚をして、サンタモニカの洒落た地区にスペイン植民地様式の大きな家を構えていた。家の前にはヤシの木があり、緑豊かな裏庭にはブーゲンビレアが植えられていた。一方の私はと言えば、独身で所有物はスーツケース一個しかなく、ロサンゼルスの一地区ヴェニスの海岸ほど近くに立つ砂だらけのあばら家に小さな部屋を借りていた（実は、インターンシップの終わりごろに、将来妻となる女性に出会った。根っからのニューヨーカーだと勘違いされやすい私が、いつもロサンゼルスに甘い理由の一つはそれだ）。ダンと私は長年にわたり、東海岸と西海岸を比べる熱い議論を続けている。テーマは、高等教育全般や特に神経学教育の質、レストランやアートシーン、ロサンゼルスのくつろげる陽気な気候とニューヨークの寒暖差の激しい気候など、いろいろだ。

しかし、ダンが明らかに勝った議論が一つある。私は以前から、脳疾患では、最終的な行動症状――アルツハイマー病では認知症、統合失調症では精神障害、パーキンソン病では運動障害

——がどれほど複雑だとしても、つねに脳の一つの部位がまず標的となり、それから病変が広い領域に拡大すると主張していた。私の研究は、「解剖学的生物学」の根本的な理念であるこの原則に導かれてきた。解剖学的生物学の概念は一九世紀に生まれ、二〇世紀に検証が進められた。この研究分野では、脳の各領域には特徴的な神経細胞集団が存在するので、個々の脳領域はそれぞれ異なる病気の発生源になる傾向があると想定する。私の研究室では、病気の最初期段階の脳機能を評価する高度な神経画像検査法を用い、解剖学的生物学の論理を適用することでアルツハイマー病と認知機能の老化を区別してきた。そして、さまざまな分子の欠陥を特定し、治療プログラムを開始している。脳の特定の部位が弱点であることは、パーキンソン病、ハンチントン病、ルー・ゲーリック病とも呼ばれる筋萎縮性側索硬化症（ＡＬＳ）などの神経疾患や、統合失調症やうつ病などの精神疾患といった多くの複雑な疾患でも報告されており、どの疾患でも最初は脳の一つの領域が病魔に侵される。

ずいぶん前にダンと自閉症について議論したとき、私は、最終的な行動症状がいかに複雑だろうと、自閉症もやはり解剖学的生物学の原則に従うはずだと主張した。要するに、一つの脳領域が自閉症の解剖学的な原因、つまり原因部位に違いない、と。しかし、ダンは同意しなかった。その後、厳密な研究が数十年間続けられ、そのなかで多くの自閉症者が一生を通じて神経画像検査を受けてきた。その知見を踏まえ、今なら、私の見方が正しい可能性はほぼないと認めることができる。どうやら、ダンは最初から正しかったようだ。自閉症で脳全体が侵されるわけではない——どの症状でもそんなことはない——にしても、脳のなかで特に弱い領域が一つだけあるという考えは成り立たないようだ。[4]

もっとも、ダンの革新的な遺伝学研究によって、自閉症では別の面が特に弱いことが最終的に示された。脳内の領域というより神経細胞の内部に弱いところがあるのだ。樹状突起スパインである。ダンの研究室をはじめとする多くの研究室によって、自閉症に関連するとされる遺伝子ネットワーク内には、樹状突起スパインで働くタンパク質を作り出す遺伝子が多くあることが示されている。それらの遺伝子が変異すると異常なタンパク質が作られ、自閉症の発症につながる可能性がある。[5] 局所的に弱い部分があり、それがどこなのか特定できれば、「なぜそこが弱いのか？」という問いを立てられる。そして、その問いに答えられたら、どんな脳疾患にせよ、その根底にあるメカニズムを解明できる可能性が出てくる。では、これらの異常なタンパク質は、樹状突起スパインで何をしているのか？　自閉症関連遺伝子ネットワークの大きな特徴は、その障害によって、忘却を促進する分子経路が妨害されることだと判明している。自閉症者では、総じて忘却のボリュームが下がっているようだ。[6]

忘却の抑制によって、一部の自閉症者が特殊な機械的記憶力を持つ理由を説明できる。そのような人びとは、サヴァン症候群と呼ばれることがある。「サヴァン」〔フランス語で賢者を意味する〕は、本章の話題における機械的記憶力のように、ある特定の分野で驚異的な認知能力を持つ人を指す。ダスティン・ホフマンが映画『レインマン』で演じた主人公がサヴァン症候群の例だ。自閉症者でサヴァン症候群の人とそうでない人を比較した神経画像研究は少ないものの、ほとんどの場合、サヴァン症候群の人のほうが大脳皮質が大きく、大脳皮質内では中央ハブ付近が最も厚いことが示唆されている。(7) サヴァン症候群の人が得意とする記憶は、海馬の機能が優れている人の得意な記憶と種類が違う。新しい意識的な記憶を形成するときの海馬の機能を思い出してほしい。海馬は、大脳皮質の複数のハブに分散している複合的な出来事の複数の構成要素を結びつけるのに重要な役割を果たす。目を閉じて、子どものころの部屋を思い浮かべてみよう。海馬のおかげで、あなたの心は今、部屋の三次元空間を思い出すことができ、時間と空間のなかで心の目をさまざまな方向に回転できる。もしかしたら、目を時計回りに動かすと机が目に入り、大嫌いな宿題のことを思い出すかもしれない。反時計回りに動かしたら、ベッドカバーの模様が見えるかもしれない。見上げれば古い照明器具に気づくかもしれないし、見下ろすとカーペットの見慣れた染みが目に留まるかもしれない（そして、染みがついた顚末を思い出すかもしれない）。このように頭のなかで作り出した空間（認知空間）を動き回りながら過去を思い出すことは意識的な記憶の最大の特徴であり、海馬が場所や物体や時間といった要素同士を結びつけて記憶を再構築する。だがもう一度言えば、自閉症者が特別な能力を示すのはこのタイプの記憶ではない。それどころか、海馬の機能を調べる標準の記憶検査をおこなうと、自閉症者の成績は多くの場合、自閉症でない人を下回る。(8)

並外れた機械的記憶は、今述べた記憶とはまったく異なる。もう一度、目を閉じてほしい。だが今度は、tで始まり母音のoを含む言葉を書き出してみよう。あなたが思いついた言葉の一つが「tool（道具）」だったとする。このとき、この言葉を考え出すために、たとえばガレージなどの認知空間を作り出して、そのなかを動き回りながら過去を思い出す必要はなかったはずだ。それに、金槌を思い浮かべたり、たまたま大工である知り合いのことを考えたりするといった、いかなる連想も必要なかっただろう。言い換えれば、連想の想起は必要なく、複数の大脳皮質の中央ハブが再活性化することはなかったのだ。あなたは大脳皮質の図書館司書こと前頭前皮質の助けを借りて、toolという言葉を反射的に思いついたにすぎない。それは機械的で、何かを思い出すというより、むしろ長々としたリストに載っている言葉を読み上げていくようなものだ。確かに、「tool」などの名詞は、「though（だが）」などの接続詞よりも頭に浮かびやすい。なぜなら名詞は、時間や場所にかかわるほかの物事や出来事と容易に結びつくからだ。だから、そのような言葉は、海馬の助けを少し借りて、リストにいつの間にか入り込んでいたかもしれない。実は、機械的な暗記を求められたときに、記憶をイメージ化して海馬を活用することは、記憶術の一つとして知られている。これができる記憶の達人は、個々の項目の周囲に架空の認知空間を作ることによって、一度に何十もの項目をすみやかに覚える。その空間は認知的な劇場で、記憶したい項目を想像上の場所に結びつけていくのだ。とはいえ、ほとんどの人は日付や事実や言葉を暗唱するときに、こうした海馬を頼る記憶術を使うわけではないし、それが自閉症におけるサヴァン症候群の記憶の仕組みであるはずはない。機械的記憶は大脳皮質の中央ハブがどれだけ機能するかにかかっており、連想記憶とは違って海馬にほとんど依存しないと考えられる。

こうした特殊な高い認知能力はすばらしいかもしれないし、何らかの強みとなる可能性もあるが、自閉症者の大多数では、このような能力は認められない。一方、すべての自閉症者で確かに認められるのは行動の硬直性だ。その程度が極端なので、自閉症の診断を検討するときには、臨床的特徴として「限定された反復的な行動」が見られることが診断の要件とされる。フネスは自分の部屋を決して出なかった。それを思い起こさせるように、フレディは同じ通学路を使うことにこだわり、リチャードは寝る前に必ず同じ順序で同じことをすると言い張るなど、自閉症者では行動の柔軟性が乏しい。その理由の一つは、おそらく忘却の抑制と関連がある。忘却のノミの刃が鈍くなり、大脳皮質に貯蔵されている既存の記憶を削り取るのが困難なのだ。

動物の研究によって、この解釈は支持されている。遺伝子を操作して、自閉症と関連づけられている遺伝子――忘却ツールボックスの一部であるタンパク質を作る遺伝子――に変異を導入すると、樹状突起スパインの成長が起こり、忘却が抑制される。(9) 忘却機能の障害により、これらの動物は迷路を抜けるときに、たとえ別の道を通ったほうが有利なときでも同じ道を何度もしつこく使いたがるようになった。フレディが同じ道を通りたがったのに似ている。

正常な忘却機能が失われることによって、自閉症で認められる行動の硬直性を部分的に説明できるとしても、それで同一性への執着を完全に説明できるわけではない。忘却のノミの刃が鈍って忘却機能が低下したら、新しい通学路を覚えるのが以前より遅くなる可能性がある。すると、覚えるのに時間がかかることに苛立って、元のままでいいのにと思うかもしれない。それでも、ほとんどの人はいずれ新しい状況に適応するだろう。特に、行動を変えることが有益ならば、そうするはずだ。子どもは大人より感情的になりがちだとしても、ほとんどの子どもは一部の自閉症の子どもほど激しく同一性を要求することはない。

カナーは、自閉症の子どもが、物事が不変であることに心の安らぎを得ようとする、そして、ささいな変化にも大きな不安を感じると述べたが、それがなぜなのかは忘却の抑制だけでは説明できない。実は、認知機能に対する忘却の利点にはもっと重要なものがあり、それによって自閉症者が同一性を求める理由をよりうまく説明できる。この有益な能力は、記憶を単に削り取って行動の柔軟性を高めることに比べれば目立たないし、認知機能に深く組み込まれているので、その能力がないとどうなるかを見ないと価値はわからない。ボルヘスが描いた架空の人物フネスにとって、忘却機能をなくしたことによる最大の打撃は、認知的に一般化する能力を失ったことだった。犬だろうと、何度も接したほかのどんな対象だろうと、さらには鏡に映った自分自身でさえ、フネスの心は知覚したものを逐一、見たことのないまったく別のものとして記録した。確かに、一日を通して光の具合は変わるので、同じ物体を見たときでも視覚野にはさまざまに異なる情報が入る。それでも、ほとんどの人の心は「同じ犬」や「同じ人」をたやすく割り出す。だが、フネスは忘れる能力をなくしたせいで、特に強力な認知能力の一つである一般化する力、つまり要点や全体像をとらえる力を失った。これによって、自閉症者が同一性を求める理由を説明できる。

行動の柔軟性における忘却の重要性は、マウスやショウジョウバエを用いた実験で最も明確に示されているが、一般化の能力における忘却の役割が最もよく確認されているのは計算科学の分野だ。たとえば、何百枚ものデジタル写真を選別して、同じ人の顔が写っている三枚を見つけ出すとしよう。このとき、それぞれの写真に含まれている視覚情報には一貫性がないにもかかわらず、あなたの心はその人物をすぐに見分けられる。光の具合が違えば、肌の色は変わる。写真の角度が違えば、顔の形は変わる。髪型や帽子、眼鏡、サングラスの違いや化粧の有無によっても顔つきは変わる。それでも、あなたの脳は「同じ人物」を計算処理して認識する。人工知能（AI）の情報処理は、コンピューターアルゴリズムの設計に脳の機能から多くの要素を取り入れるようになってから見違えるほど変わった。そして、顔認識はAIのおもな活用領域となっている。というのも、グーグル検索や、写真ライブラリーに埋もれている人物探しに役立つだけでなく、警察の活動にとっても有用だからだ。大脳皮質が情報の流れ、処理、貯蔵を統御するやり方がコンピューターアルゴリズムで模倣され始めると、AIによる顔認識の精度は劇的に向上した。

顔認識は「再認記憶」の一例だ。再認記憶とは、以前に覚えた対象を提示され、見覚えがあるかどうかのみ尋ねられたときに思い出せる記憶のことで、「再生記憶」（以前に覚えた対象を提示されるといったヒントなしで思い出す記憶〕とは記憶の過程が異なる。顔の認識を可能にするシナプス可塑性は、大脳皮質視覚野の中央ハブのなかで起こる。顔を認識するためには、必ずしも海馬は必要ない。なぜなら、複数の中央ハブ同士を結びつけて、多くの構成要素からなる意識的な記憶にまとめあげることは必要ないからだ。海馬だけに病変のある患者は、海馬を切除されたH・Mと同じく、以前に見たことのある顔を提示されても、見たことはないと意識的に否定するだろう。だが、当てずっぽうで答えるように要求されると、正解することが多い。それは、ハブ・アンド・スポーク方式の情報処理を支えるシナプス可塑性が、視覚野の低次のハブでも高次の中央ハブでも正常だからだ。中央ハブ同士の結合がなくて意識的な想起が不可能でも患者たちが無自覚に認識するということは、彼らが中央ハブに貯蔵された情報を保持できることを示している。

顔を認識する最強のコンピューターアルゴリズムは、視覚野で起こるハブ・アンド・スポーク方式の情報処理を模範にしている。[10] これらのアルゴリズムでは、顔はまず構成要素に分解され、各要素が低次のハブで符号化される。これは脳の視覚野の低次ハブに相当し、基本的な色や形を符号化する。次に、それらの情報が高次のハブに集まり、顔の各パーツが再構築される。そして一連の処理の最後に、顔の情報処理経路の最も高次の中央ハブが、完全に再構築された顔を「見る」。脳の神経細胞のように、コンピューターアルゴリズムの各処理層では、顔の各パーツを符号化するハブが互いに結びついてネットワークを構成している。実は、コンピューター科学は神経科学から強い影響を受けており、ネットワークの基本単位であるノード（このノードが複数つながって一つの処理層を構成する）の正式な名称は、神経細胞を意味する「ニューロン」だ。これらの人工ニューロンも、人間の脳のようなシナプス可塑性のルールに従う。

顔写真を見て人を認識するのは、私たちやAIにとってたいしたことではない。犯罪者が逮捕後に撮られる顔写真は、一九世紀に写真技術が誕生したことに伴って導入された。その際には、顔認識にかかわる計算処理上の課題が図らずも考慮されていた。同じ角度、照明、背景を用いて撮影されたが、そこには識別しやすいようにするという狙いがあったのだ。ではコンピューターはどうかと言えば、当然ながらコンピューターアルゴリズムは顔写真のデータベースをふるい分けて特定の顔を容易に認識できる。だが、人間は何に対してもより高いレベルを求めるもので、もちろんコンピューターの顔認識についても例外ではない。映画の世界では、その高度な技術を目にすることができる。スパイ映画では、人混みのなかで一つの顔にズームインして「疑惑の人物」を特定できるスーパーコンピューターが、もはや当たり前のように登場する。そのようなコンピューターは、どんな明かりのなかでも、その顔が恐怖でゆがんでいようと邪悪な笑みを浮かべていようと、たとえ鬘《かつら》やつけ髭《ひげ》で変装していようと、その人物を正確に見つけ出せる。だが現実では、AIの顔認識能力が向上しているのは確かとはいえ、顔を見分けるのは、依然として人間の頭脳のほうがはるかにうまい。だから、国境管理や空港警備では、（まだ）コンピューターが人間に取って代わっていないのだ。

人間のこの優れた能力を理解するために、視覚情報の処理経路で、顔全体を再構築するより一段階低いレベルの脳領域が、顔の一つのパーツ、たとえば口をどのように符号化するかを検討してみよう。同じ人の写真を提示された場合、そのレベルの神経細胞は、笑っているか、への字か、左端か右端にタバコをくわえているか、口紅を塗っているかどうかなど、何千もの口のバリエーションを認識しなければならない。そのレベルでは、感覚情報の処理過程で遭遇しうる多くのバリエーションに対応するため、計算処理の柔軟性が十分にあることが必要だ。迷路実験の話題で、初めに覚えたのとは少し異なる道順を学習する――行動の柔軟性を生み出す――ためには、記憶容量が大きいほうが効率がよいと考えられるが、実際には記憶より忘却の役割が重要だという点に触れた。行動についてと同じく、記憶容量が大きければ、理論的には感覚情報の処理に必要な計算処理の柔軟性を生み出しやすいかもしれない。ただし、それが当てはまるのは、たとえバリエーションが何百万種類あるとしても有限である場合に限られる。IBM製スパコンのディープ・ブルーがチェスのグランドマスター、ガルリ・カスパロフを負かした理由の一つは、ディープ・ブルーの記憶容量が膨大で、チェスのあらゆる手を記憶することができたからだ。勝つための妥当な指し手の数には限りがあるので、すべてスパコンの記憶装置に格納できる。しかしパターン認識となると、コンピューターより人間の脳のほうが得意だ。仮に、口を認識する脳領域、つまり「口のハブ」にスーパーコンピューターの記憶容量に匹敵するほど樹状突起スパインがたくさんあって、あらゆる既知の口紅の色を記憶できるとしよう。だが、記憶容量が同じだとしても、脳とスパコンは違う。脳の感覚情報処理は柔軟で、無限にありうるちょっとしたバリエーションに対応できるので、そのハブは、今後まったく新しい色の口紅が開発されたとしても、それを塗った口を認識できるだろう。

脳の柔軟な処理の仕組みは、コンピューター科学によって明らかになりつつある。さまざまなコンピューターアルゴリズムを試すことによって、メモリを増やしても――樹状突起スパインを増やすことに相当する――、顔にせよ何にせよパターン認識の精度が向上するわけではないことがわかってきた。むしろ、人間的な計算の柔軟性を人工的に作り出すためのより効果的な方法は、アルゴリズムに、より忘れさせることだ。このような忘却は、コンピューター科学でドロップアウトとも呼ばれる[11]。特定の処理層で、顔のパーツを専門に処理する人工シナプスをいくつか脱落させて数を減らすという意味だ。これは、大脳皮質の正常な忘却のデジタル版と言える。

忘却がどのように役立つのかを理解するため、超高解像度カメラで撮影した写真の人物の口をクローズアップしてみよう。目で見て取れる細かい部分に注目してから、下唇のすべての皺《しわ》と、上唇と鼻のあいだの剃っていない髭を意識して記憶に焼きつけてほしい。このとき、あなたの脳にある口のハブに樹状突起スパインが十分にあれば、この一枚の写真に関するすべての情報をきわめて高い精度で記憶できる可能性がある。口について、このレベルの写真記憶ができれば、一度見ただけで、その口を高い精度で思い起こして、(芸術的才能があれば)再現できるだろう。これは一部の自閉症者が示す機械的記憶の芸当だ。しかしコンピューター科学は、これほど詳細な記憶ができるのはすばらしいとしても、それには計算の柔軟性や一般化の能力が失われるという大きな代償があることを教えてくれた。ささいな細部にとらわれすぎた脳は、口にわずかな変化があっただけでも同じ口と認識することができない。この低次のハブで立ち往生が起こると、高次のハブへの情報処理の流れがせき止められ、顔全体の再構築と認識が遅くなってしまう。

コンピューター科学者たちは、過剰な精度の写真記憶を抑制すれば、この問題を克服できるということを学んだ。脳があらゆるレベルで用いている積極的な忘却をコンピューターの情報処理経路に組み込むことによって、コンピューターのアルゴリズムの各層が、顔のパーツについて、あらゆる詳細ではなく要点だけを記録して保持できるようにするのだ。忘却は、それぞれのハブが、必要最低限の情報を格納して対象を認識できるようにするためにも、顔の各パーツ、そして最終的には顔全体を一般化するためにも必要である。

自閉スペクトラム症の症状は多彩だし、成長過程で症状が変化していく。そうしたことに加え、自閉症者について調べる研究は成長過程のさまざまな時期におこなわれているので、自閉症の行動の研究で完全なコンセンサスが得られることはまずない。それでも大多数の研究で、自閉症における感覚情報の処理には低次のハブへの偏り、つまり森ではなく木を見る傾向があることが確認されている。[12] これは、情報処理経路の低次層に忘却を組み入れていないコンピューターアルゴリズムで認められる状況と同じだ。これらの心理学研究から、自閉症では「物体の部分への執拗なこだわり」があるという、カナーが臨床現場で抱いた直観が正しかったことが認められている。

自閉症の研究で特に見事なものの一つは、ジュゼッペ・アルチンボルドの絵画から着想を得たものだ。(13) アルチンボルドは一六世紀に活躍したイタリアの画家で、果物や野菜や花で構成された肖像画を描いた。このような物体の寄せ集めが顔に見える錯覚は、脳が視覚情報処理経路で感覚情報を統合するときの癖、すなわち部分を組み合わせて全体にまとめようとする傾向を利用している。この傾向は非常に強いので、雲や岩、さらには車の前面などが顔に見えてしまうことも少なくない。

研究者たちは、果物や野菜をいろいろな組み合わせで皿に並べて一連の実験用の視覚刺激を作り出した。ただし、アルチンボルドの肖像画がどうしても顔に見えてしまうのに対して、それらの刺激が顔に似ている度合いに変化をつけた。それから、自閉症の子どもたちと、そうでない子どもたちに刺激を提示した。すると、平均して、自閉症の子どもではそうでない子どもよりも、それらの果物や野菜が顔に見えるまでの時間が長かった。時間がかかったのは、自閉症の子どもは皿に置かれた個々の果物や野菜にばかり注目し、部分を全体に統合する心の働きが遅かったからだと解釈された。

これらの視覚刺激を再現するように食べ物を皿に並べてみれば、この実験がどんなものかが何となくわかるだろう。たとえば、白い丸皿の真ん中、つまり鼻に当たる場所に小さなイチゴを一個置く。イチゴの上側の左右に、目としてニンジンの輪切りを二切れ置き、イチゴのすぐ下に、口としてメロンを一切れ置く。ニンジンの上側に、眉としてリンゴの皮を二切れ並べる。それから写真を撮って、ほかの人に見せてみよう。うまくいけば、この「レシピ」で、写真を見たほとんどの人の視覚野に顔が作られる。では、野菜や果物の位置を入れ換えるか、いくつかを皿から取り除いて、顔に見える度合いを変えてから写真を撮ってみよう。そして、なかなか顔には見えないが、ほとんどの人がなんとか顔だと認識できる一枚を選ぼう。鼻のイチゴを除いたものや、眉のリンゴの皮を一切れ、ニンジンの輪切りかメロンと入れ換えたものあたりだろうか。その写真を友人たちに見せ、各人がこの視覚刺激を顔として認識するまでにかかった時間を記録しよう。顔に見えるのが早い人では、おそらく視覚野の低次ハブにある樹状突起スパインが活発に動いている。逆に遅い人では、これらの樹状突起スパインはマジックテープ（面ファスナー）でくっついているように動きが鈍く、全体を統合する働きを遅くしている。

　実際の視覚刺激を用いた、より古い研究をもう一つ紹介しよう。実験参加者がジグソーパズルを完成するまでの時間を測定した研究だ[14]。その様子をつかむため、テーブルに広げられた数百ピースのジグソーパズルを、あなたが完成させるところを想像してほしい。まずは、あなたのそばにパズルの箱を置いておく。箱には完成したパズルの写真が載っているので、あなたはこの「全体」を手がかりにしてピース、つまり部分を組み立てられる。次に別のパズルを用意するが、今度は、あなたに箱を渡さない。完成形を見れば参考になるので、当然、あなたは最初の回のほうがパズルを早く完成できるだろう。この研究では、平均すると、自閉症者ではそうでない人に比べて、箱の写真を見る効果があまり認められなかった。実際、何人かの自閉症者では、箱を見ても見なくてもパズルを仕上げるまでの時間は同じだった。彼らはピース一つ一つ、つまり部分ごとには注目したが、どうやら全体には無関心なように見えた。一部の自閉症者では、たとえ森を見せられても、頭はずっと木のことで占められているのだ。

心理学者のなかには、自閉症では全体を犠牲にして部分に固執するというバイアスがあるという考えを拡張し、自閉症の診断に必要なもう一つの臨床的特徴である「社会的交流や社会的コミュニケーションにおける持続的な障害」を理解しようとしている者もいる[15]。人づき合いもパターン認識に依存するが、この場合、ジグソーパズルのピースに相当するのは、交流相手が絶え間なく出しているさまざまな社会的合図だ。顔を見分けるためには顔のパーツを統合する必要があるが、人づき合いで相手の社会的意図を読み取るためには、あれこれの合図を組み合わせる必要がある。あの微笑みは純粋に友好的なものか、それとも単なる社交儀礼なのか？　あの口調は真摯なものか、それとも嫌味を含んでいるのか？　心のアルゴリズムは、これらの複雑な社会的合図をまず分解してから、再構築して総合的な解釈を導き出す。このプロセスで生じたわずかな違いが、あなたの反応に影響を及ぼす。こうした合図と反応の行ったり来たりが社交の本質であり、この社会的対話にどれほどうまく参加できるかによって、社交上手と見なされるか社交下手と見なされるかが決まる。外部から入ってくる社会的刺激の処理は、顔のパーツの処理過程に比べて、関与する脳領域の解剖学的地図を作成するのが難しいが、やはりハブ・アンド・スポーク方式に従う可能性が高い。そのようなわけで、感覚情報処理の流れに物事の部分を優先するバイアスがあるということによって、自閉症者が人づき合いに苦労しがちなことも説明できるかもしれない。

コンピューター科学や自閉症研究の知見が集約された結果、今では、忘却機能のおかげで私たちは外部世界の像をうまく記録して認識できるということがわかっている。人工知能も私たちが持つ自然知能も、一般化をするため、つまり構成要素から全体を再構築するため、忘却に頼っている。物事に微妙な違いがいくらあったとしても、似たものをカテゴリーにまとめて名称をつけることができるのは、忘却のおかげなのだ。

人間の心が外部世界を再構築する能力は、学問でも娯楽でも重要だ。たとえば哲学では、心が外部世界をどれほど忠実に映し出すかが議論される(16)。手品ではこの能力が、観客に、同時に見聞きした物事の構成要素から間違ったパターンを再構築させ、ありえないことが起きているように錯覚させる仕組みとして利用され続けるだろう。それはそれとして、ほとんどの人は、朝に見た犬と夕方に見た犬は同じ犬だと断言できるようになりたいはずだ。ときにはサプライズもいいかもしれないが、見聞きするものすべてが新奇で、それにいちいち驚かされるというのがどんなものかを想像してみてほしい。衝撃を受けたり圧倒されたりする出来事が延々と続けば、ある時点で精神的な苦痛が生じるだろう。もし、騒々しい大イベントで目新しいものに嫌というほど触れたことがあれば、その経験を思い出してほしい。私の場合は、ある年の大晦日にタイムズスクエアに出かけたことだ。最初は喧噪や点滅する明るいライト、雑踏や物珍しいものすべてに心が躍ったが、しまいには落ち着かない気分になって不安すら込み上げてきた。慣れた安らぎの空間である狭い我が家に帰ってきたときは、どれほどほっとしたことか。収まることのない刺激と、心を乱されることのない慣れ親しんだものとを天秤にかけてみれば、大脳皮質の忘却機能が低下した心が同一性を好む理由がわかる。大脳皮質の忘却を伴う一般化の能力のおかげで、私たちは知覚した対象をうまく整理して分類することができる。それに、私たちは複数の感覚から得られた情報を統合して外部世界を把握するが、一般化の能力があるからこそ、統合するときに乱雑な情報を整えたり雑音を抑えたりすることができるのだ。

ホルヘ・ルイス・ボルヘスは、端的にこう言い表した。「考えるということは、さまざまな相違を忘れること、一般化すること、抽象化することである」〔『伝奇集』より引用〕。自閉症の研究から、忘却が抑制されて記憶と忘却のバランスが崩れると、人生がいかに大変なものになるかが示された。カナーは臨床の立場から次のように述べている。「自閉症の子どもは、固定した不変の環境を求めて我を通すように自らを追い込む一種独特の強迫観念を示す。物事のいかなる変更も、当惑や大きな不安をもたらす。自閉症の子どもは同一性に安心を見出すが、変化は否応なく頻繁に起こるので、心の安寧はきわめてもろい。そのため、絶えず脅かされており、自分の安心を脅かすものを神経質に回避しようとする」

忘れることのない心は、不変の世界ではうまくやれるかもしれない。しかし今では、記憶とバランスを取りながら忘却をおこなうように心が進化したのは、流動的でときに激動するこの世界にとってまさに好都合だとわかっている。私たちみなが、ある程度ものを忘れるのは、ありがたいことだ。なぜなら、忘れることのない心は、変化をなくして世界を固定し、何一つ変わらないものにしたいという必死の思いで麻痺してしまうからだ。

第三章　解放された心

コロンビア大学精神科教授のユヴァル・ネリア博士は、心的外傷後ストレス障害（ＰＴＳＤ）に関する研究プログラムを指揮している。イスラエルで最高位の勲章を持つ軍人の一人で、一九七三年の第四次中東戦争で戦車大隊の司令官として類まれなる勇敢さを示したことにより、誉れ高い軍事勲章である武勇記章を授けられた。私がユヴァルに初めて会ったのは、彼が精神科の教員になった二〇一一年だが、彼のことは若いころから知っていた。私は一九七〇年に家族とアメリカからイスラエルに移住し、イスラエルで育った。そして当時、戦争の英雄たちはイスラエルのスターだったのだ。

ユヴァルはコロンビア大学に迎え入れられてからまもなく、私に接触してきた。ＰＴＳＤと記憶の関連について共同研究ができるかを探るためだった。なにしろ軍事的な名声のある偉大な人なので、どんな出方をしてくるのだろうと思ったが、いざ会ってみると、ユヴァルは私たちイスラエル人が「黄金のような」イスラエル人と形容するにふさわしい人物だとわかった。「黄金のような」からイメージするのは、一部の人がイスラエル人に対して抱いている派手で厚かましくて傲慢といったステレオタイプではなく、その逆だ。私がイスラエルで育ったころ、「黄金のような」は深い人間性と思いやりのあるすばらしい人物を指していた。つまり、謙虚さと静かな力強さを兼ね備えているということだ。今にして思えば、ユヴァルがこのような人柄の持ち主であるのを意外に思うべきではなかった。ユヴァルのことをイスラエルの友人に話すと必ず、彼が軍人として名を馳せたのち、ピース・ナウという草の根活動団体を共同で創立したというエピソードが返ってきた。ピース・ナウは、数十年にわたって対立するイスラエルとパレスチナを和解に導くことを使命としている。さらにユヴァルは、戦争時の体験から着想を得て小説も執筆した。彼が小説で示した鋭い心理的洞察力は、人生が課す大小のトラウマ（心的外傷）による苦しみについて自らが得た知識に基づいている。

ユヴァルは、私の研究室が記憶の解剖学的側面を調べるのに適したＭＲＩスキャナー技術を開発したことを知っていたが、私がイスラエル育ちだということまでは知らなかった。彼にそれを話してからというもの、記憶と心の痛みが脳でどう結びつくのか議論をしていても、話が個人的なことやイスラエル——ヘブライ語では「その地」と言われることもある——のことにしばしば脱線するようになった。生粋のイスラエル人が、私のような移住者が真のイスラエル人なのか確かめるためによく突きつける質問が二つある。イスラエルで軍務に服したか、もしそうならばどこでか、だ。ユヴァルから質問された私は「イエス」、そしてイスラエル国防軍の特殊部隊の一つである「ゴラニ旅団の偵察部隊で」と答えた。幸いにも、ほとんどの場合は私の軍隊経験についての話はそれ以上追及されない。だがユヴァルは、ゴラニ旅団が遂行した作戦のなかで特に有名なボーフォート砦をめぐる戦いに通じており、私がそれに参加したのか知りたがった。私は実行メンバーの一人だった。

　ボーフォート砦は十字軍時代にレバノン南部に築かれた要塞で、切り立った山の頂上に位置しており、イスラエルの北側の国境を見下ろせる。一九七〇年代後半、イスラエル北部のガラリヤ地方では、農場主や学童を含む市民がボーフォートから発射されたロケット弾の標的になることがよくあった。そこはもはや彼らにとって、それにイスラエル人全員にとっても、フランス語で「美しい要塞《ボーフォート》」という名にふさわしい場所ではなくなった。一九八二年六月六日の朝、イスラエル国防軍が第一次レバノン戦争を開始した。私たちの部隊はボーフォート砦を占拠するため、前日の夜に先陣としてレバノンに送り込まれていた。目的はボーフォート砦の周囲に設けられている一連の塹壕を奪取することだったが、現地にはシリアの特殊部隊が配置されていた。塹壕は細部まで徹底的につくり込まれていた。狭い通路は驚くほど高いコンクリートの壁に挟まれ、迷路のように複雑な構造で掩体壕《えんたいごう》がいくつもあり、塹壕の外側には機関銃や携帯型対戦車ロケット弾が配備され、防備が固められている。塹壕戦は、近距離で銃撃戦が発生したり爆発物が飛び交ったりし、戦闘のなかでも凄惨さを極めるものが多い。そして、ボーフォート砦でのその夜も例外ではなかった。なにしろ実に残虐なものだったので、それからというもの私は、血みどろの戦闘について細かく話さないようにしている。

ボーフォート砦の戦いについては、くわしい情報が公になっている。しかし、ユヴァルははるかに多くのことを知っている様子だったので、戦後もつき合いのある多くの軍司令官から内部情報を得たのかもしれないという気がした。あるときユヴァルから、私か軍関係の友人の誰かがPTSDになったことがないかと尋ねられた。彼自身が受けた経験や臨床研修、さらに私たちがPTSDにおける記憶を研究するグループに加わっていたことからすれば、それは遅かれ早かれ必ず訊かれただろう。だが信じがたいことに、世間でもPTSDに対する関心が高まりつつあり、自分自身も医学教育を受けて学んでいたにもかかわらず、私は戦友たちとその話をしたことがなかった。みなで集まると、私たちは決まってあのときの辛い記憶へと引き戻されたが、当時のことは皮肉なユーモアでくるんだ形でしか話題にのぼらなかった。

私たちは、あの戦闘について口外しないと誓い合ったわけではないが、仲間内では、戦闘の詳細だけでなく数カ月後に起きたことも内密にしておいたほうがいいという漠然とした了解があった。それでも、ユヴァルの質問を受けて私は何人かの戦友に連絡を取り、戦争後の記憶の一部を共有してもいいという許可をもらった。レバノン戦争では、私たちの部隊は特殊作戦をさらにいくつか完了したのち、イスラエル北部の基地に戻って新たな任務を待つように指示された。ほかの部隊から遠ざかって安全が確保されたとはいえ、私たちは、いつ駆り出されるかわからない緊張にさらされた状態で生活を共にしながら次の任務を待った。ユーカリの巨木に囲まれた長方形のコンクリートの兵舎は、大英帝国時代から使われていた。その後、基地はイスラエル軍が改造し、偵察、特殊兵器の使用、自己防衛、殺害の技術を教えるエリート学校になっていた。ありがたいことに、追加の任務は発生せず、数カ月後に私たちは服務期間を終えて除隊となった。

この最後の数カ月間に、私たちの多くが、それまでとは違う行動を示すようになった。戦争が始まる前は、アルコールを飲んだり、麻薬などの薬物を本気で使ったりする者はいなかった（当時、イスラエルのティーンエイジャーのあいだでは、アルコールも薬物も流行っていなかった）。だが、このとき私たちは初めて、軍支給の灰色の金属製戸棚にウイスキーやウォッカを隠し持ち、アルコールにおぼれた。部隊のなかには、マリファナをやり始めた者もいた。ジャズと文学が好きなごく一部の者は、サックス奏者ジョン・コルトレーンの曲を大音量で鳴らしながら、不条理な風刺劇とおぼしきものを書いたり演じたりした。部隊の指揮官たちは当初、部下が単に感情を行動に出しているのだと思っていたし、私たちもそう思っていた。しかし、寸劇の一つに、イスラエルの国旗を巻きつけた状態で猥褻な行為をするシーンが含まれており、それを知った指揮官たちは問題にした。軍事精神科医を呼ぶべきかどうかについて議論があったことを私はおぼろげに覚えているが、結局、何事もなかった。ＰＴＳＤはまだよく知られておらず、私たちはみな、あのような行動に走ったことをストレスのせいにした。

こうした思い出をユヴァルに話したとき、私は、PTSDの正式な診断基準に精通しているわけではないと打ち明けた。おそらく、自分たちがPTSDを発症したかという疑問が生じたはずなのに、それを真剣に考えたことがないという決まりの悪さを無意識に隠そうとして、そう発言したのだと思う。ユヴァルは心得顔でにやりとすると、その基準を教授らしい口調で説明してくれた。その直後、私は戦時中から特に親しかった友人の二人に連絡し、一緒になって診断基準に目を通した。私たちは、何らかの項目が自分に当てはまるだろうかと思いつつも、不思議なほど他人事のような目で基準のリストを下まで見ていった。まるで顧客サービスのアンケートに答えているかのように。その後、ユヴァルと会ったとき、私は明らかになったことを彼と話し合った。

PTSDの症状は、衝撃的な出来事の数カ月後に現れ始めることが一般的で、大きく四つに分類される。一つ目は、その衝撃的な出来事を思い出させる状況を回避することだ。たまにみなで集まることは別として、それは私たちに当てはまった。ユヴァルの話では、回避行動は戦時中のトラウマによって引き起こされるPTSDの一般的な症例であり、兵士たちのあいだで特に見られる変化だということだった。二つ目の症状は、自分や世界に対して否定的な考えを持ち続け、将来を悲観して絶望的になることだ。私たち三人は、全員が家族から皮肉屋と見なされていることがわかったが（本人たちはそう思っていないが！）、三人の誰も、気が滅入っているわけでも望みを失っているわけでもない。三つ目は、感情的な反応が過敏なことだ。たとえば、ささいなことにぎょっとしたり、危険を感じたときに過剰に警戒したりする。これらは睡眠障害や怒りの爆発につながりやすい。私たちは三人とも花火大会が好きではない。不快感が込み上げるからだ。それに、劇場やスタジアムなどの閉ざされた公共空間に入ったら、ただちに非常口を確認しないではいられない。とはいえ、こうしたことは誰でも考えるし、病的とも思えない。

四つ目は本書と最も関連があるもので、「消去」と呼ばれる反応における障害だ。消去は心理学用語で、トラウマを忘れる能力を意味する。ユヴァルが説明してくれたように、消去障害はPTSDの診断において最も重要であり、ほかの症状のほとんどを引き起こす原因でもある。消去障害の特徴は「侵入性」、すなわち辛いトラウマ体験の記憶が繰り返し意識に現れることだ。たとえば、フラッシュバックや悪夢が起こったり、トラウマ体験を思い出させる何かに触れたときにひどい精神的苦痛が生じたりする。三人とも、あの戦いの悲惨な記憶は鮮明に残っており、今も夢に出てくる。とはいえ、これらの記憶が精神的苦痛を引き起こしているわけではないので、消去障害という要件には当てはまらないようだ。

PTSDの最終的な診断は、四つの症状のいくつか、あるいはすべてが臨床症状をもたらしているかどうかによる。要するに、そのような症状によって人生に明らかな悪影響が出ているかということだ。私たちは徹底的にチェックしてみたが、人生に悪影響が出ているという臨床基準は三人の誰にも当てはまらない。みな幸せな結婚生活を送り、立派なキャリアと家庭を手にしている。ということで、私たち三人は明らかに衝撃的な出来事にさらされ、その血なまぐさい場面の細かい記憶をぬぐい去れないとはいえ、ユヴァルの見たところでは、誰もPTSDにかかっておらず、過去にかかっていたこともない。なぜだろうか？　この質問に答えるためには、脳が感情的記憶（情動記憶）を形成する仕組みに目を向け、感情、なかでも否定的な感情が、どのように記憶ネットワークの一部となるのかを知る必要がある。

本書では、すでに次のようなことを見てきた。脳がどうやって新しい記憶を形成し、異なる感覚的要素がどのように結びついて一つの記憶になるのか。各要素がどのように大脳皮質のさまざまな情報処理経路で処理され、最終的に別々の中央ハブで符号化されるのか。大脳皮質の複数の中央ハブは、どうやって海馬と接続するのか。そして、海馬は記憶を形成する過程で、どのように中央ハブ同士を結びつけて記憶ネットワークに組み入れるのか。今度あなたが知人にばったり会ったら、想起の仕組みに注目してほしい。その人を思い出していく過程をかなり感じ取れるだろう。まず、その人を見たとき、小石が水に落ちてしぶきが上がるように、誰なのかハッとわかる。続いて、波紋が広がっていくように、関連するハブのネットワークが再活性化されていく。それから、その人の名前が浮かんでくる。だが、名前だけでなく、関連する詳細な感覚情報も芋づる式に呼び起こされる。このとき、その記憶が、しばしば感情で彩られていることに注目してほしい。そのような感情は、知人との過去の経験が不愉快なものであるときには非常に鮮やかで生々しい傾向がある。場合によっては、ネオンサインのような際立った感情的要素が記憶と強固に結びついていることもある。すると、詳細な感覚情報の多くがよみがえって記憶がはっきりとしてくる前に、当時の感情をふたたび味わう羽目になる。

感情的記憶が、私たちが世の中に適応するのを助けてくれるのは間違いない。負の感情を伴う記憶は特にそうだ。アメリカの心理学の父と呼ばれるウィリアム・ジェームズは、幼い子どもの未熟な心が、外部世界から入ってくる大量の感覚情報を処理し始めたときに混乱を経験するはずだとして、この複雑な世界は「咲き誇りブンブンと音を立てている」と言い表した。花が咲き誇る世界は棘だらけだし、ハチがブンブンと音を立てている世界には針がある。たとえば、ある人物が味方か敵か、ある状況が、逃げなければならない恐ろしいものかを覚えておくことは、生き抜くために必要だ。暴力が少なく、死と隣り合わせではない世界でも、やはり記憶の感情的要素は社会のなかで生きるために役立つ。中学生くらいの子どもなら、そうだと口をそろえるだろう。

というわけで、危険を察知することは生きていくために不可欠だ。だから、あらゆる生き物が高感度の危険感知器を生まれつき備えており、それは体内の精巧なセキュリティーシステムに接続されている。哺乳類の脳では、「視床下部・下垂体・副腎系」という神経内分泌系に支えられた巧妙なセキュリティーシステムが進化してきた。危険感知器が作動すると、脳幹の奥深くに位置する視床下部が下垂体を刺激してホルモンを血中に放出させ、そのホルモンが副腎を刺激してコルチゾールやアドレナリンなどのホルモンを放出させる。これらの「ストレス」ホルモンは体に警戒態勢を取らせる。すなわち、各器官系にシグナルを送って、戦うか、逃げるか、どちらかの行動を取れるよう身構えさせる。脳領域のなかで、これらのストレスホルモンへの感受性が最も高いのが扁桃体だ。扁桃体はアーモンド形をしており、海馬と同じく大脳皮質のすぐ下に二つ存在する（つまり「皮質下」にある）。体が脅威を感知したときには、扁桃体が実質的に神経系の「司令塔」として処理に当たる。扁桃体は脳の多くの領域とさまざまなパターンで結びついており、それらの領域と連絡を取って関連情報を統合するほか、セキュリティーシステムを構成する多くのユニットの監督、統率、動員をおこなう。その一環として、視床下部・下垂体・副腎系にふたたび警告を送る。扁桃体の警告を受けると、前述のように視床下部、下垂体、副腎へと順に刺激が伝わり、ストレスホルモンが放出されて扁桃体がさらに反応するという重要な情報伝達ループが形成される。そして扁桃体は、必要とあらば危険信号を徐々に増幅していき、ついには「緊急事態発生！　緊急事態発生！」とがなり立てる。それでパニックが引き起こされるのだ。

大脳皮質の中央ハブが事実情報を処理して符号化するのに対し、扁桃体は感情情報を処理して符号化するので、皮質下の中央ハブと見なせる。(1) 大脳皮質の中央ハブと同じように、この皮質下の中央ハブは、記憶の教師である海馬と接続する。その結果、皮質下の感情情報は、大脳皮質から届く事実情報とともに、新しく形成された記憶に取り込まれる。こうして扁桃体は、記憶の味気ない事実――いつ、どこで、何を――に感情の色を塗るのだ。扁桃体が施す感情の色は、記憶が不幸、恐怖、怒り、悲嘆に染まっているときに最も鮮明になることがわかっている。ある作家

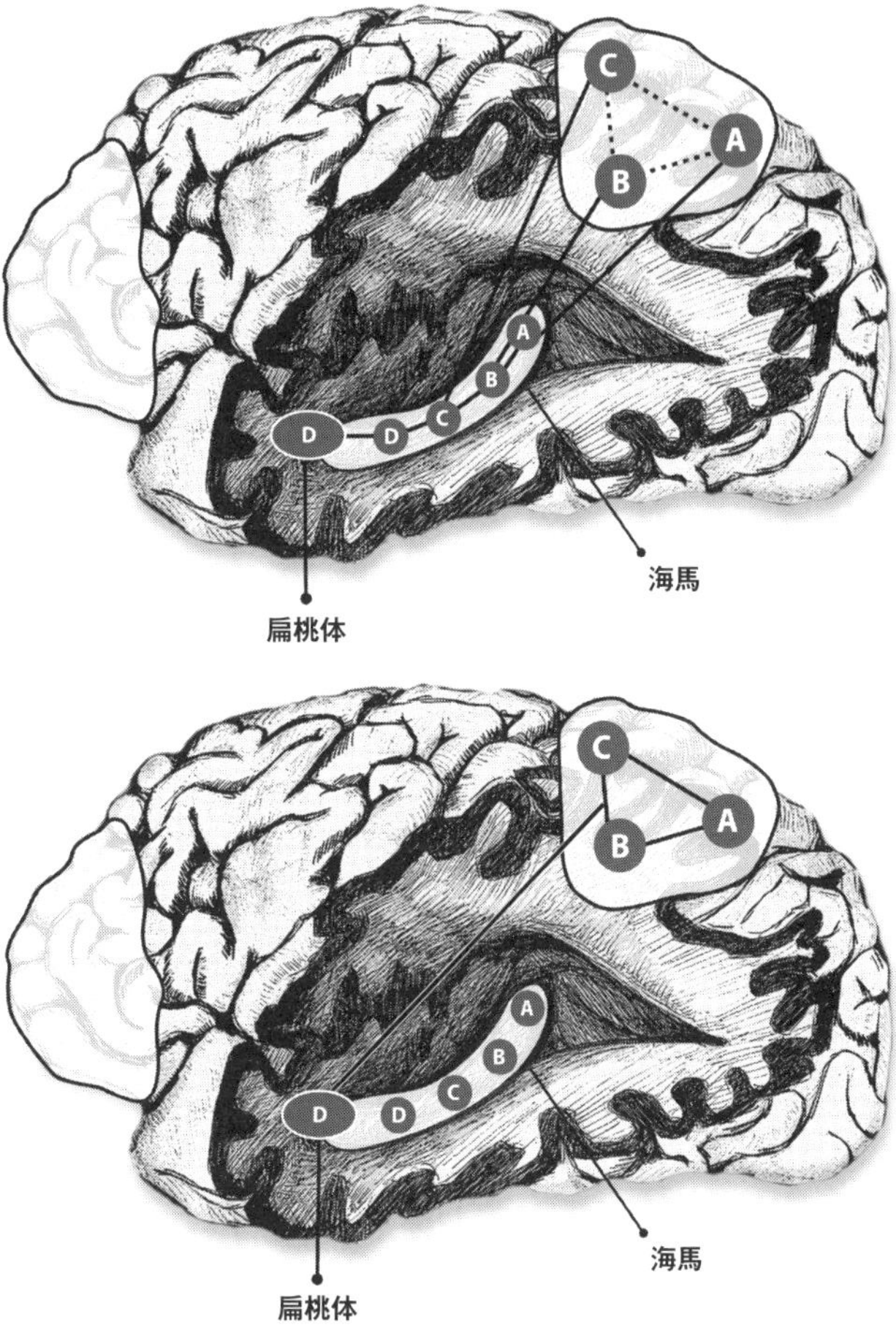

扁桃体と記憶の感情：上の図は海馬が訓練しているとき。下の図は訓練後。

が、「幸福は白い紙に白いインクで書かれている」と述べた。これは、メロドラマで描かれる感情の激しさを強烈な色彩に喩えるのなら、心地よい幸せはそれとは違うという考えを表しているが、この名言は小説だけでなく脳にも当てはまる。

私たちがボーフォート砦を征服してから数カ月後、イスラエル国防軍の将官たちが、戦死した仲間の遺族のために戦跡への旅行を計画した。これは追悼行為のつもりだったのだろう。だが振り返ってみれば、家族旅行は見当違いだったと思われる。戦死者の弟や妹をはじめとする遺族たちが、危険な国境を越えて敵地に入り、いまだに血で汚れている戦跡を訪ねたのだから。もっとも、戦争で荒廃した国では、このように困惑させられるような決断がなされるのは異例とは言えない。なにしろ、戦いが国民の精神に深く根を下ろしており、どの世代も戦争を経験しているか、戦争が起こってもおかしくないと思っているのだ。私たちは戦跡の地を歩き回ったが、何事もなかった。中世に建てられたその砦は、もはや以前ほど不気味に立ちはだかっておらず、本来あるべき歴史的な観光地に戻っていた。塹壕は、戦時中のような絶え間ない攻撃がない昼の光のなかでは、干上がった灌漑用水路のように見えた。眼下のリタニ川から生ぬるい東寄りの風が吹いており、乾燥した夏のあとだったので、あたりの低木は埃っぽかった。私たちは遺族からの質問に丁寧に答えた。遺族たちは、あの戦いについて、妙に改まった態度で訊いてきた。あたかも、何も尋ねないのは、亡くなった者の思い出を侮辱するかもしれない、あるいは関心がないという誤解を与えるかもしれない、とでもいうように。私たちは慎重に答えたが、一部始終を答えたわけではない。具体的にはしないほうがいい話もあるという点で、暗黙のうちに合意していたからだ。戦いからわずか数カ月後のこのとき、私たちは、海馬や扁桃体が激烈な記憶を心に焼きつけた現場にいた。あの忌まわしい夜に符号化された、すべての記憶ネットワークがふたたび活性化されたのは疑いない。だが、多少の不安や胃のうずきがあったとはいえ、私たちは戦闘の記憶に苛まれて体が動かなくなったわけでもなければ、強い不安症状が出たわけでもなかった。どうやら、正常な忘却がすでに始まっていたようだ。

さて、卒業アルバムをめくって、学校にいた、いじめっ子の写真を探してみよう。それを見たときに依然として嫌な気持ちがしたとしても、その感情は年月が経過したことで薄れているだろう。これは、第一章で説明した正常な忘却のメカニズムが、よい効果をもたらしたということだ。この正常な忘却がきちんと起こらなければ、恐怖症や、PTSDといった不安症（不安障害）などの精神疾患が起こることがある。このような疾患では、記憶ネットワークが一斉に再活性化され、何もできなくなるほど激しい感情的な反応を引き起こす。では、いじめっ子の写真を数十年後に見たときでも、学校に通っていたころと同じか、少なくともそれに近い感情が湧き起こり、恐怖をもろに再体験したとしよう。もしくは、その写真を目にしたことで、あなたがいじめっ子にやり返した日に感じた激情がよみがえり、今も当時のように、暴力的な怒りに陥って冷静な思考力が働かなくなったとしよう。

このようなことが起きた場合、脳の整備士である私たち臨床医は、今なら脳のどこに障害があるのかを調べることができる。記憶ネットワーク全体が異常に活発になっている可能性もある。いじめっ子の顔や名前、いじめられた時期や場所の情報を貯蔵していた大脳皮質のハブと、この記憶に戦いたい、もしくは逃げたいという強い感情を吹き込んだ皮質下のハブがともに活性化したということだ。あるいは、長年ののちに、これらの一部のハブ同士が過度に結びついてしまったという可能性もある。さらに、海馬が解剖学的な原因部位である可能性も考えられる。原則として、何十年も前の記憶を呼び起こす際に海馬は必要とされないが、この「記憶が過剰」な状態では、海馬が異常なままで活動が長期的に亢進しており、記憶ネットワークを暴走させているということもありうる。

最近の脳機能画像研究から、恐怖症の要因やPTSDを引き起こす衝撃的な出来事が個々の例で異なっていても、正常な感情の忘却が起こらなかった原因は、たいてい皮質下のハブにあるということが示されている。[2] すなわち、扁桃体が長期にわたって異常に活発で、過敏な反応をするのだ。私は、音信不通になってしまった戦友の何人かが、PTSDとも考えられる症状で実際に苦しんでいたと聞いている。この話から、同じ衝撃的な出来事に遭ったときにPTSDを発症する人としない人がいるのはなぜか、という興味深い疑問が生まれる。同じような環境中のリスク要因にさらされても病気になりやすい人となりにくい人がおり、原因はさまざまだ。たとえば、喫煙と心臓病の関係を思い浮かべればわかるだろう。これと同じことがPTSDにも当てはまる。細胞レベルで見れば、PTSDの病態生理は扁桃体の神経細胞の異常ということに要約できるかもしれない。それらの細胞が長期間、過度に敏感で反応しやすい状態になっているらしいということだ。第一章で説明したメカニズムと同じように、扁桃体の神経細胞もシナプス可塑性を示し、樹状突起スパインを成長させる。スパインが大きくなって密集するほど、入ってくる刺激に対する神経細胞の反応性は高まる。では、なぜ扁桃体の一部の神経細胞は病的な成長を示し、ほかはそうではないのだろうか。ある説では次のように考える。一部の神経細胞が、警報シグナルによって異常な頻度で繰り返し刺激される。すると、スパインの成長にだんだん歯止めがかからなくなり、やがて何らかの閾値に達する。その時点で、それらの細胞は、病気と言える慢性的な過敏状態に移行してしまい、もう元に戻れない。これは神経学で痙攣性反応とも呼ばれる。

PTSDの一般的な治療法は、正常な忘却のメカニズムを利用して扁桃体を再教育し、正常な活動状態に戻すことだ(3)。これが、代表的な認知行動療法〔物事の受け取り方（認知）や行動に働きかけてストレスに対応できるように思考パターンを改善する心理療法〕である曝露療法（エクスポージャー）の論理で、この療法では、安全な状況のなかで、不安を引き起こす刺激に患者を何度もさらす。すると、正常な忘却のメカニズムが活性化され、慢性的な過敏状態が抑えられるのだ。刺激にさらすだけでは効果が不十分なときは、専門的な心理療法もおこなわれる。衝撃的な記憶が、扁桃体を刺激し続けているほかの激しい感情的記憶と絡み合っている場合には、心理療法によってそれを解きほぐせることがある。また認知行動療法は、相手の表情や声の調子といった感情シグナルを誤解したり誇張して受け取ったりしてしまうゆがんだ思考パターンに患者が気づくのを助けることで、治療効果をもたらすこともある。これらの介入は、トラウマ記憶を和らげ、警報を止め、神経細胞の異常な緊張を和らげることを目的としている。もっとも、こうした高度な心理学的介入をおこなう専門家たちは、今述べたような細胞レベルでの還元主義的な解釈に異議を唱えるかもしれないが。ＰＴＳＤの治療では必要に応じて、認知行動療法だけでなく、扁桃体の活動を抑える効果のある薬が使われることもある。それによって、正常な忘却の機能の回復がさらに促進される。

ユヴァルと私が、なぜ戦友たちの一部や私がＰＴＳＤで苦しんでいないのかについて話し合ったとき、彼が特に興味を持ったのは、戦闘後の、あの神経の張り詰める数カ月のことだった。私たちは部隊の基地で寄り集まって暮らし、除隊までの日を数えながら「感情を行動に出して」いた。あの期間に経験した何かがＰＴＳＤを予防したのだろうか？　ひょっとするとね、とユヴァルは答え、私たちが初めて酒を飲み、脳が急にアルコールにさらされたことを指摘した。アルコールは扁桃体の活動を抑制することが知られている。大量の飲酒は明白な理由から勧められないが、私たちが戦闘から戻ってきたばかりで特に不安定だったころ、一部の者にはアルコールがよい効果をもたらしたのかもしれない。実は現在、厳格に管理された環境でおこなう臨床試験で、麻薬のMDMA（エクスタシー）や幻覚剤のLSDといったアルコール以外の薬物にPTSDを抑制する効果があるかどうかが調べられている。(4)

当時、部隊の誰もそれらの薬物を使っていなかったが、待機期間中に一部の者がマリファナ（乾燥大麻）に手を出した。大麻にはテトラヒドロカンナビノール（THC）やカンナビジオール（CBD）をはじめ、科学的に興味深い化学物質が多数含まれている。脳にはTHCに対する特異的な受容体があり、THCを摂取すると扁桃体が刺激される。マリファナの使用によって恐怖や不安が生じることがあるが、それはそのような感情を作り出すのが扁桃体で、THC受容体の密度が高まっていることが原因のようだ。CBDに対する特異的な受容体はないが、CBDは、扁桃体の活動を抑制することが知られている受容体に結合する。(5) したがって、私の戦友のなかで、おそらくはTHCへの感受性が低くCBDへの感受性が高い者たちにとっては、マリファナの吸引がPTSDの予防に役立った可能性はある。

ユヴァルは私たちの不条理な風刺劇にも関心を示した。私は彼に、いくつかの劇に不健全なテーマが含まれていたこと、それらの劇でさまざまな小道具を用いたことを話した。小道具の一つは、基地のすぐ外にある自国空軍のヘリポートで入手した。その出来事を私たちは大げさに「夜襲」と呼んだが、要は基地でほとんどの者が就寝しているときに、ヘリポートに忍び込んで星条旗を旗竿から奪い取ったのだ。旗は、アメリカ国防長官キャスパー・ワインバーガーの電撃訪問を察知して急いで立てられたものだった。翌日、私たちはアメリカとイスラエルの国旗を用いて二国の葬列を演じた。その寸劇の意図は、私たちには親密すぎると映ったレーガン政権とイスラエルの関係を皮肉ることにあった。両国のなれ合いが、私たちからすれば誤った戦争を引き起こしたのだ。私は、当時を詳細に語る自分の声を客観視しながら、今となっては、その寸劇は風刺というよりばかばかしく見えると思った。だがユヴァルに言わせれば、私たちがユーモアに接したことが重要だった。それが垢抜けていたか、未熟なものだったかは別だという。ユヴァルは、その寸劇が曝露療法のように働いた可能性について説明してくれた。(6) 私たちは、記憶に含まれている感情的な部分を何度も演じたことによって、記憶をユーモアに浸し、血の色を漂白したのだ。

ユヴァルの見方において最も重要なのは、私たちが戦闘後に何カ月ものあいだ、兄弟のように強い絆で結ばれて一緒に暮らしたことだった。(7) 兵士がPTSDを発症する最大級のリスク要因の一つは、トラウマを経験してまもないころに自分が一人ぼっちで孤独だと感じ、孤立を防ぐ社会的仕組みがないなかで、心が苦悩や恐怖や不安でがんじがらめになることのようだ。これについても、扁桃体に関連する興味深い神経生物学的知見がある。愛する人びとと交流すると――もちろん私たちは同胞愛で結ばれていた――、体はオキシトシンというホルモンを分泌する。あらゆる感情のシグナルを非常に受け取りやすい扁桃体には、オキシトシン受容体がたくさん存在する。オキシトシンがこれらの受容体に結合すると、扁桃体の活動が抑制される。オキシトシンは愛する人との強い絆を育むことが知られているが、その理由の一つがこれだ。

感情の忘却は、精神疾患の発症リスクを下げるだけではない。私たちを苦痛や苦悩、憤りの牢獄からも自由にしてくれる。そのような負の感情は、一つ一つはわずかなものだとしても、積もり積もればどんな人間関係にも悪影響を与える。私は結婚セラピストたちから、たとえ最高のパートナーと人生を共にしている人でも、場合によっては感情を忘れるのを助ける薬が有効だと聞いた。実際、一部のセラピストは、患者たちにエクスタシーを一時的に処方したことがあるという。なお、これはエクスタシーが禁止薬物に指定される前の話だ。

より一般的に言えば、感情の正常な忘却は、醜くて非生産的で怒りを生む感情の重荷から私たちを解放してくれる。恨み、悪意、敵意、復讐心、さらには（私が最も嫌悪する）義憤といった感情は、扁桃体がもたらす大罪と言っていい。人がそうした邪悪な感情にはまり込むときはいつも、車のギアがトップに入ったような状態で扁桃体が暴走しているに違いない。それから感情の忘却にはもう一つ、心を解放し、赦《ゆる》すことを可能にしてくれるという最も高尚な役割がある。赦すために、嫌な出来事があったという事実を忘れることが必要なわけではないし、忘れるべきではない。しかし、赦すためには激しい憤りを取り除く必要がある。これは忘却が持つ利点のなかで最も尊いものだ。

心の健康のため、人生の幸せのため、そして家族や友人のため、私たちは記憶に付随する感情を適度に忘れる努力をしたほうがいい。それが口で言うほど簡単でないことは、私も承知している。私は医師として、扁桃体をリラックスさせ、扁桃体の暴走傾向を抑える薬物を勧めることはできない。だが、会話療法をはじめ、人と話すことはお勧めだ。セラピストとの対話でも、友人たちとの単なるおしゃべりでもいい。そして私自身は、無愛想なところを直せない人間、言い換えれば黄金のようではないイスラエル人であり、病気は薬で治療するものだと教え込まれてきた神経科医であり、さまざまな物事をときにはやたらと分子レベルに還元したがる神経科学者でもあるが、そんな私も今では、感情の忘却という生来の能力を高めるシンプルですばらしい方法のよさがわかっている。その方法とは、人づき合いをすること、人生にユーモアを加えること、そして苦痛を癒してくれる愛の輝きに満ちた人生を送ろうと、つねに心がけることだ。

追記

本章を執筆していたとき、私は戦時中の記憶を公にするために戦友たちから許可を得る必要があっただけでなく、事実確認のため、彼らに当時のことを思い出してもらう必要もあった。私は記憶について研究しているので、記憶が絶えず整えられることをよく知っている。また、心には創造力があるので、長い年月を経ると、心が過去を抽象化したり、無理やり解釈したり、さらにはゆがめたりすることもよく知っている。それに、ノスタルジアの危険性もよくわかっており、心が過去を、博物館に自分の経歴を保存するというより、ギャラリーに記憶の芸術作品を展示するように美化して貯蔵することも知っている。そこで、私は自分の戦時中の記憶を友人たちと入念にチェックした。そうしているときに、友人の一人が「ああ、そういえば」と声をあげ、もし証拠が必要なら、あの星条旗がある、と言った。私たちがヘリポートからくすねた例の旗のことだ。この友人はイスラエルの宗教的なキブツ〔イスラエルの農業共同体。一般には非宗教的だが、宗教キブツが少数ある〕で生まれ育ったが、除隊してから数年後に国を離れ、今では宗教と無縁になっている。彼はいろいろな片手間の仕事をこなしながらほうぼうの国をめぐった末、最終的にニューヨークに落ち着いて家庭を持ち、うれしいことに、マンハッタンで私の家から数ブロックのところに住んでいた。

「ちょっと話を確認させてくれないか」。私は驚いて返事をした。「きみは、まだ軍隊にいたとき、いずれかの週末にこの旗を持って帰ったというのか？　おまけに、国を出たあと、わずかな荷物のなかにこの旗を入れて、あちこちに行ったのか？」

「そのとおり」。彼ははっきりと答えた。まるで、この旗はどう見ても貴重品であり、各地を転々としていたあいだ、どこにでも携えていく価値があったと言わんばかりに。きっとそうだったのだろう。

軍隊仲間の三人組のもう一人は今もイスラエルで暮らしており、一カ月ほどすればアメリカを訪れる予定だった。その友人も、あの星条旗が保管されていることを知って私と同じくらい驚いた。彼がアメリカにやって来て滞在していたときのある夜、私の住まいで三人が再会した。私たちは茶色のバッグから、丁寧に折りたたまれた旗を取り出してキッチンテーブルに広げた。この旗を三人で最後に見たのは、ずいぶん前だ。私の部屋でのあの場面には、ドキュメンタリー映画のドラマチックな結末に必要な材料がそろっていると思われた。長年保管されていたお宝を調べたら、驚くべき何かが見つかって心を揺さぶられることになるのではないか。

しかし実際には、この特別な記念品を目にして、私たちの期待は泡と消えた。それは、旗というものが、そもそもありふれたものだからかもしれない。さもなくば、もしかしたらそれは、記念品がえてして連想を引き出す力をなくしてしまうことを示す教訓だったのかもしれない。記憶のあらゆる要素が、興奮を掻き立てるとは限らないのだ。私たちはあの夜、記憶をこじ開けたときにありがちな落胆を味わった。それは、期待を胸にして同窓会に出席したときや、過去を思い出そうとして、少し前に見つけた写真アルバムをめくっていったときによくある期待外れのたぐいだ。思い出はそのままにしておき、心のギャラリーで眺めるだけにとどめたほうがいい場合もある。

とはいえ私たちが、当時はなぜか見逃していた、あることに気づいたのは確かだ。その星条旗は、急いで手縫いされたに違いない。縫い目はがたがたで糸の結び目が多く、縞の布があわてて縫い合わされたせいで、星条旗の一番下にある赤い縞の布が白い布にまっすぐに縫いつけられていなかった。キャスパー・ワインバーガー国防長官の訪問は急だったので、おそらく長官が到着する前の晩に、何人かの不運な兵士が大急ぎで旗を一から縫ったのだ。その旗は、訪問行事が実際にあったという証拠ではあったが、今となっては、大切に保存された記念品というよりも、知らないうちに紛れ込んでいた民芸品のように見えた。

それ以来、あの戦争の記憶について語り合うと、すぐにその旗との新たな遭遇の話が出てくる。それだけでなく、あの経験は私たちの記憶をさらに作り直し、実際の出来事がもたらした痛みを削り取ってくれている。

第四章　恐れを知らぬ心

本書ではこれまでに、恐怖と記憶が脳内でどれほど緊密に結びついているのか、そして感情の忘却が心の健康にとってどれほど重要なのかを取り上げた。では、感情的記憶をさらに分析し、感情の忘却が、より一般的な意味でどのように役立つのかを見るため、ここで二人のいとこについて考えてみよう。仮にCとBとする。

Cは賢かった。それは誰もが認めていたが、Cの本当の特徴は非情さだった。Cは若いころ、喧嘩から絶対に逃げなかった。そして、がっしりと厚い胸、太くしゃがれた声を持つ大人になった今は、権力争いに明け暮れていた——熟練の外交官のように微妙なニュアンスを伝える話術を駆使するのではなく、暴力的な怒りをぶつけることによって。自分の地位のことしか頭になく、遊ぶ時間も取らなかった彼は、自分の社会の頂点に早々と上り詰めた。それは、男っぽさを誇示して相手を脅すことで獲得したものだ。彼は誰も愛さず、誰からも愛されなかったが、複数の相手とのあいだに子どもをもうけた。家族からは、無慈悲で厳格だと思われるようになったが、彼が最も腹を立てやすかったのは、つき合いのない外部の者に対してだった。彼は、よそ者が嫌いだということを臆面もなく示した。BとCには面識がなかったが、もしあったら、Cはいとこの Bをせせら笑ったに違いない。Bの親しみやすい性格や社会生活をすばらしいとは決して思えなかっただろうし、そもそも、そのような面はほとんど目に入らなかっただろう。Bはつねに肩の力が抜けていて寛容で、他者をすぐに赦し、熱心に励ました。それに、友人に対しても部外者に対しても分け隔てなく共感した。自分のコミュニティが和気あいあいとしている限り、Bは社会的階級のことなど気にしておらず、コミュニティのリーダーたちの性別もどうでもいいと思っているようだった。Bは私生活でも仕事でも愛想よく振る舞い、遊びや恋愛にも仕事にも同じくらい時間をかけた。

このようにCとBはまったく性格が違うわけだが、実在か少なくとも架空の人物のなかに、どちらのタイプもいるだろう。だが実は、Cは暴力団の親分でもないし、Bは見識ある人道主義者でもない。Cはチンパンジー、Bはボノボである。

動物の系統樹は一九七〇年代に更新されていった。そのころ、動物の分類において、外形や内部の形態よりDNAが重視され始めたのだ。もちろん形態は重要だし、形態には遺伝子に暗号化された生命の設計図が反映されている部分もある。そのようなことから、従来の分類体系にも正しいところは数多くあった。一方、この新しい分類体系からはさまざまな驚きも生じたが、最大の衝撃は人間に関するものだった。というのも、それまで人間は動物界に君臨する支配者として別格に位置づけられていたが、新しい分類体系によって、人間の特別な地位が剝奪されたからだ。私たちは突然、人間に最も近い現存種であるチンパンジーとボノボと地位を分け合わなくてはならなくなった。それら二種は、遺伝子の九九パーセント以上が人間と一致している。三種の共通祖先は数百万年間存続したのち、ホモ・サピエンス（現生人類）に至るヒト属（ホモ属）と、チンパンジーとボノボの二種が属するチンパンジー属とに分岐し、その後、チンパンジーとボノボが分かれた。これら三種はきわめて近い関係にあるので、チンパンジー属にせよヒト属にせよ、共通の属として再分類すべきだと主張している学者もいる。

では、人間はどちらの親類に近いのかという疑問が湧くかもしれない。人間の顔の構造や二足歩行の仕組みは、ボノボにやや近いように見える。まだ先の話だとしても、ボノボがメス中心の社会を築いているように、人間でも女性が家族や一族、社会のリーダー的地位を支配するようになる可能性もある。だが、他者とかかわって集団生活を送る能力（社会的性質）は測定するのが非常に難しい。なぜなら、性格は環境に大きく影響されるからだ。たとえば、野生で育ったボノボは飼育下で育ったボノボより攻撃性が強い。それでも、チンパンジーほど残酷になることは絶対にない。似たような生息環境で育ったボノボとチンパンジーを比べると、ボノボのほうが生まれつき利他的で思いやりがあり、親切で寛大な傾向がある。ボノボは成長しても子どものころの遊び好きなところを失わず[1]、霊長類学者フランス・ドゥ・ヴァールによる多くの記述から拝借すれば、争いよりも性交渉をおこなう。社会科学者は、こうした友好的な行動をまとめて「向社会的」と表現する。というのは、そのような行動は全体として社会のためになると考えられるからだ。

では正直に答えてほしい。チンパンジーとボノボの極端に違う性格のうち、あなたはどちらによく当てはまるだろうか？　私が作ったCとBのストーリーのせいで、あなたはきっと偏見を抱いただろう。だが、どちらの性格がよいかということは考慮すべきではない。なぜなら彼らの行動は、それぞれの生息環境の進化圧によって、しかるべく形作られたからだ。ただし、たとえあなたがCに批判的な見方をしたとしても、社会や経済や出世の階段を上りたがっている人は多いと考えていいだろう。道徳教育を受けたことがあっても、ときには他者を搾取して地位を獲得したという人がいるかもしれない。それに、まずBに好感を持った人は多いかもしれないが、心が平穏で、人を殺したいと思うほどの怒りをまったく感じたことがないという人ばかりだとも思えない。さらに言えば、特に残酷な人びとも、やはり社会活動を楽しむし、遊んだり愛したりすることを望む。実際のところ、ほとんどの人の社会的性質は、生まれつきのものか、幼いころの経験によって作られた可能性が高いかにかかわらず、チンパンジーとボノボの性質が混じり合ったものと言える。

だが仮にあなたが、困ったことに、自分で望むよりチンパンジー寄りだとしよう。あなたは怒りを感じやすいという問題を抱えており、ときどき冷淡な振る舞いをしたり、人づき合いが嫌でむしゃくしゃしたりする。特に厄介な問題は孤独、すなわち他者と交流したり他者を無条件で愛したりするのが難しいことだ。では、よりよい社会生活を送れるように、あなたの社会的性質を改善するにはどうすればいいだろうか？　神経科学者なら、社会的性質を支配している脳のメカニズムを理解するのが先決だと答えるだろう。それが、社会生活をよくする最も確実で安全な方法を知るために不可欠だ、と。

そのための第一段階は、社会的性質と関連がある脳の領域を特定することだ。パーソナリティ障害（人格障害）といった病気ではなく正常範囲内における性格のバリエーションに注目するという前提で、チンパンジーとボノボをよく調べてみるといいかもしれない。両者は、離れて育てられた進化上の双子と見なせる。まったく異なる環境で進化したことによって、チンパンジーは反社会的な行動、ボノボは向社会的な行動を取るようになった。二〇一二年、多数のチンパンジーとボノボの脳を比較するMRI研究がついに完了し、目を見張る結果が示された(2)。チンパンジーとボノボは、外部の解剖学的構造を見たり、さまざまな異なる行動を観察したりすれば容易に見分けられる。だから、内部の神経構造を見ても簡単に区別できると思われそうだし、私もそう思っていた。なにしろ、哺乳類の脳は何百もの領域や構造からなるので、違っている部分がたくさんあってもおかしくない。ところが、実際にはそうではなかった。私の予想に反して、チンパンジーとボノボの脳で明らかに異なる領域はわずかしかなかった。つけ加えて言えば、それらはすべて、以前から社会的行動と関連づけられていた領域だった。

なかでも、一つの構造が最も注目を浴びた。扁桃体である。これらのMRI研究の結果と、その後おこなわれた顕微鏡によるチンパンジーとボノボの脳の観察結果を踏まえ、研究者たちは、扁桃体は社会的性質と関連する主要な構造かもしれないと結論づけた。このような研究は特定の脳領域と性格の関連を調べるのに重要であり、チンパンジーとボノボの研究結果は、扁桃体が反社会性パーソナリティ障害〔罪悪感なしに違法行為や暴力行為を起こす障害〕に関与していることが示された人間の画像研究の結果とも一致している(3)。

ということで、話は扁桃体、つまり外部世界からの危険に対する体の反応を記録したり指揮したりする脳の司令塔に戻る。扁桃体は、経験を通じて、言い換えれば恐ろしい記憶を覚えたり忘れたりすることによって、こうした危険管理のやり方を学ぶ脳の部位だ。本書ではこれまでに、扁桃体の活動を抑制することがトラウマ体験による恐怖記憶をある程度忘れるのに役立つことを取り上げた。PTSD患者の一部は、怒りを爆発させたり、場合によっては暴力などの反社会的な行動をしたりするようになるが、恐怖記憶の忘却によって、それを防ぐことができる。とすると、精神疾患を引き起こすようなトラウマ記憶だけでなく、日常生活で経験する恐怖記憶をある程度忘れることは穏やかな性格につながるのではないかという考えが浮かぶのも当然だ。しかし、すぐにそうだと結論づける前に、知るべきことがもっとたくさんある。一つには、恐怖記憶が、怒りをはじめ、交際嫌いのチンパンジーが持つようなほかの特性に関連するのかどうか、関連するのなら、どう関連するのかを理解しなければならない。さらに、恐怖の忘却は穏やかな性格をもたらすという仮説は妥当だと思えても、それを確かめるためには、もっと重要なことがある。すなわち、日常で形成される恐怖記憶の忘却を引き起こす仕組みを理解する必要があるし、そのうえで、この忘却が社会的性質を向上させることを示す必要があるのだ。

こうしたことを明らかにするためには、扁桃体がどのように発見されたのか、扁桃体がどのように機能するのか、それに恐怖記憶の忘却を誘導する方法がどのようにしてわかったのかなど、扁桃体についてくわしく説明する必要がある。

前章で見たように、ほとんどの人が、子どものころに受けたいじめをすぐに思い出せるのは、扁桃体が否定的な感情の伴う記憶を形成しようとして暴走しやすいからだ。では、あなたがいじめっ子を見たときに、どんな反応が起きた可能性があるかを考えてみよう。いじめっ子の姿が見えただけで、あなたはその場に凍りついたかもしれない。だが、相手からも気づかれたら、顔を合わせなくてすむよう一目散に逃げたかもしれない。ときには、いや一回きりかもしれないが、怒りが我慢の限界に達して仕返ししたかもしれない。

これらの反応はすべて、闘争・逃走反応《ファイト・オア・フライト》（fight-or-flight response）の一部だ。英語ではfで始まる二つの単語が組になっている、この印象的な名称の反応は、医師にして科学者のウォルター・ブラッドフォード・キャノンが一〇〇年以上前に提唱した。その後、三つ目のfである「freeze（凍結《フリーズ》）」が加えられ、恐怖反応が生じる典型的な順序に従って、三つの単語は「凍結・逃走・闘争（freeze, flight, fight）」と並び替えられた。何かにおびえたとき、ほとんどの人は、まず体がすくみ、次に逃げようと決意する。それから、これら二つの反応ではどうにもならないと思えると、怒りにかられて臨戦態勢になることがある。この闘争・逃走反応という考え方は科学者たちに受け入れられ、科学界は興奮に沸いた。それは、単語が頭韻を踏んでいて受けたからではなく、生物学的に深い意味があったからだ。キャノンは、恐怖と怒りという、まったく異なる感情が体に同じ影響を及ぼしうることを示した。そして、この体が同じように反応するということが、実に急進的な仮説に結びついた。キャノンは、恐怖と怒りは、どれほど異なっているように見えても、それらの解剖学的な源は同じはずだと主張した。これはすなわち、凍結と逃走と闘争は、行動としてどれほど異なっていても、すべて同じ体内のエンジンによって引き起こされるはずだということだ。

キャノンは、一九〇六年から一九四二年までハーヴァード大学医学大学院（メディカルスクール）の生理学科長を務めた。まだ医学生だったころ、消化器系に興味を抱き、X線技術をいち早く利用して生体器官の運動の動画を作り出した。ネコに餌を食べさせた直後にすばやく撮影した一連の胃のX線写真をつなぎ合わせ、胃の蠕動《ぜんどう》を動画にしたのだ。(4) ちなみに蠕動とは、食物を十二指腸に送り出すために胃の筋肉によって引き起こされる規則的な運動である。そして二〇世紀に入るころ、終身雇用資格《テニュア》の教授職を得たキャノンは、雇用が保証されたことにより、当時の生物学者にとってはキャリアを棒に振ると見なされかねないテーマに取り組むことにした。感情の研究に乗り出したのだ。(5) 感情というのは明確に定義されていない心の状態であり、研究のほとんどは心理学科の学生に任されていた。

キャノンは、感情が蠕動に影響を与えることに気づいた。実験対象動物のなかでも特に怖がりの個体では、強い恐怖によって蠕動が止まるようだった。ストレスを受けたときに胃が張った感じがして食欲が失せたことのある人は、恐怖が胃の筋肉をこわばらせて蠕動を止めるのを経験しているということだ。キャノンには、恐怖が消化液の分泌を止めることもわかった。たとえば、人前で話す機会が迫ってきたとき、口のなかが乾いてパサつくことを思い起こしてほしい。この恐怖反応は自動的に起こり、制御できないので、知られている限りでは最古の嘘発見技術として応用されている。古代インドでは、逮捕された容疑者たちにスプーン一杯のご飯を噛んでから葉の上に吐き出させた。ご飯が最も乾いていた者を、罪がばれるのを恐れている犯人だと考えたのだ。

キャノンが非凡だったのは、自らが最もよく知る生体反応の蠕動に着目して、さまざまな感情の状態が生体反応に及ぼす影響の正確な測定法を考案したことだ。(6) 少し前に、アドレナリン(adrenaline)が発見されていた。そう呼ばれるのは副腎(adrenal gland)から分泌されることがわかったからだ。アドレナリンは、ホルモンとして世界で初めて動物から抽出・結晶化された（「ホルモン（hormone）」という用語は一九〇五年に作られた。「活動させる」を意味するギリシャ語のhormēに由来し、内分泌腺から放出されて体の組織を興奮させたり刺激したりする化学物質を指す）。キャノンが、栄養液を満たしたディッシュ（シャーレ）に胃の筋肉切片を入れて生きた状態にしておいてからアドレナリンを加えると、筋肉がこわばった。それは、ストレスで蠕動が遅くなるときに起こる現象と似ていた。このような観察結果から、アドレナリンは、感情による蠕動の制御に関与するホルモンの少なくとも一つであることが証明され、さらに、シャーレ内で感情の影響を研究するための一般的な実験法も確立された。キャノンが、イヌに吠えられておびえたネコと、リラックスしたネコの副腎静脈から血液を採取してシャーレに加えると、おびえたネコの血液を加えたときのみ胃の筋肉がこわばった。だが、本当の衝撃が訪れたのは、恐怖が怒りに転じて戦闘態勢に入ったネコの血液を用いて、キャノンが同じ一連の実験をおこなったときだ。そのネコはシャーとうなり、歯をむき出し、爪を出していた。この実験で、怒ったネコの血液とおびえたネコの血液は同じ作用をもたらした。どちらも胃の筋肉をこわばらせたのだ。キャノンは次に、おびえたネコと怒ったネコの血液の成分が、筋肉への血流を増加させたり、エネルギー源であるグルコース（ブドウ糖）の生成を促進したりするなど、緊急事態に対応するための一連の生体反応を引き起こすことを示した。それらの反応は、恐怖の原因である対象に直面したときに戦うか逃げるかの準備を体にさせるもので、進化論的に意味があると考えられる。

キャノンと彼の支持者たちは、闘争・逃走反応を調節するのは同じ神経解剖学的構造に違いないと考えた。この反応を引き起こす部位を突き止める研究は、二〇世紀前半には脳の底にある「脳幹」〔呼吸や血液循環といった生命維持に不可欠な機能を担う進化的に古い脳の領域〕までしか到達しなかった。脳幹には、体内の危険感知システムである視床下部・下垂体・副腎系を構成する視床下部が含まれている。研究によって、たとえば視床下部はコルチゾールというホルモンの分泌を調節することが示された。恐怖や怒りを感じると大量に分泌されるコルチゾールは、闘争・逃走反応が起きているあいだ、体の複雑な反応を指示するのにアドレナリンよりも中心的な役割を果たすことがわかった。まとめると、視床下部はアドレナリンやコルチゾールの分泌を調節し、血液中に分泌されたこれらのホルモンは闘争・逃走反応を調節する。ならば、視床下部は危険を管理する脳の司令塔なのかとも思われたが、それはありそうになかった。なぜなら、外部世界からの情報（感覚情報）は信号に変換され、危険な可能性がある信号が検出されるが、下位の脳である脳幹の神経細胞はそのような外部からの情報を受け取らないし、信号の危険性を評価するための複雑な計算処理もしないからだ。このようなことから、恐怖や怒りの源である脳部位を突き止める研究は、脳幹より上位の脳に進むと見られた。

同じころ、不慮の事故によって扁桃体が損傷したり、実験で扁桃体を損傷させたりすると、恐怖に対する反応が消失することが発見された。凍結反応も逃走反応も闘争反応も起こらないのだ。それからの数十年間に、危険の感知に関与するほぼすべての脳領域が扁桃体に集中していることが見出され、扁桃体から出力された情報が、恐怖の表出にかかわる視床下部や脳幹のほかの部位に直接送られることがわかった。一九七〇年代には、扁桃体が脳の危機管理の司令塔だということが明らかになった。[7] それでも、危機管理における扁桃体の働きを正確に理解するのは腹立たしいほど困難だった。解剖学研究から、扁桃体はさまざまな神経核〔神経細胞が集まって塊状になった場所〕が群島のように集まった構造であることが示された。これらの神経核の一部は、入ってくる情報を受け取り、別の一部は、どの刺激が反応するに値するものかを識別し、また別の一部は、凍結、逃走、闘争反応を開始する指示を脳幹に伝えるのではないかと考えられた。

それぞれの神経核および扁桃体の全体としての機能を突き止める研究がおこなわれたが、結果は複雑で一貫性がなかった。ここで、次のように想像してみてほしい。イケア社から組み立て家具のドレッサーが届き、あなたは箱の中身を全部出して、マニュアルなしに組み立てようとする。時間（と忍耐力）が十分にあれば、各部品の役割や、それらの組み立て方を探り出せるだろう。ただしそれは、家具に根本的な不具合がないかどうか――安定しているか、引き出しは開くかなど――がすぐにわかり、わりと簡単に組み立てややり直しができ、試行錯誤が可能な場合に限られる。

一九八〇年代になると、扁桃体の内部の働きを解明する研究が進み始めた。[8] そのころには、げっ歯類で恐怖を測定する方法が確立されていたうえ、恐怖反応を慎重かつ確実にコントロールすることができた。闘争反応と逃走反応は実験室で測定するのが非常に難しかったが、恐怖を読み取るには三つのfの最初、すなわち凍結反応を用いるのが有効だとわかった。そして、凍結反応をコントロールする実験法が開発された。恐怖反応を誘導する刺激と、本来は恐怖反応を誘導しない中性刺激を動物に与え、動物に両者の関連を記憶させる。すると、中性刺激のみで凍結反応を引き起こせるようになるのだ。これは「恐怖条件づけ」と呼ばれるもので、あなたも学校で経験したことがあるかもしれない。いじめっ子の顔が、その子の人を傷つける行為といつしか対をなし、あなたの恐怖反応は、その子の顔と結びつくようになった。このように条件づけされてからは、あなたはその子の顔を見ただけで死んだように凍りついただろう。あるいは、キャノン流に言えば、胃が締めつけられて食欲が失せたかもしれない。

この実験法が多くの研究室で用いられるようになると、扁桃体の神経核のつながり方を示す配線図が得られ、どの神経核がどんな働きをするのかが明らかになった。一部の神経核が危険の感知や危険の分析に関与し、別の神経核が凍結反応か闘争反応か逃走反応を引き起こす。キャノンが、恐怖や怒りを生み出す脳の中心エンジンとして働く一つの解剖学的な部位があるはずだという考えを提唱してから約一〇〇年後、これらの研究によって彼の仮説の正しさが確認された。さらに、扁桃体のエンジンがどのように組み立てられているのかについての詳細な設計図も得られた。

こうした研究によって、必ずしも当初の意図ではないにせよ、扁桃体や恐怖記憶について多くの知見が得られている。たとえば今では、恐怖記憶が扁桃体で形成されて貯蔵されることや、貯蔵される恐怖記憶が多くなるほど扁桃体が活発になることがわかっている。二〇〇〇年代はじめに完了した研究によって、恐怖記憶を貯蔵する扁桃体の神経核が突き止められ、正確な貯蔵プロセスが明らかにされた[9]。そのおかげで私は今ようやく、あなたが学校に通っていたころに扁桃体に何が起きたのかについて伝えることができる。

あなたがいじめられたときの恐ろしい記憶は、扁桃体にさまざまな脳部位からの情報が同時に入って統合されることで形成された。入力情報のなかには、いじめっ子の顔を符号化した視覚野からの情報や、いじめっ子の行為による痛みを符号化した脳部位からの情報などがあった。これらの入力が統合されると、海馬の助けを借りて、恐怖記憶が貯蔵されている神経核内の記憶ツールボックスが活性化され、その神経核の樹状突起スパインが増加して安定化した。すると、いじめっ子が校庭の向こうのほうにいるのが見えただけで、あなたの扁桃体は異常に活発になり、脳幹に恐怖反応を起こさせるようになった。というわけで、あなたは凍りついたり逃げたりし、ある日には恐怖が怒りに移行し、やり返したのだ。

このような樹状突起スパインの成長によって、チンパンジーの扁桃体はボノボより大きいというMRI研究の結果を説明することができる。心理学研究から、恐怖と怒りは一方から他方に移行しうることが示されており、社会学研究から、恐怖と怒りは同じコインの表と裏の関係にあり、人から人に伝わることが示されている。ある人の怒りが別の人の恐怖を引き起こし、この恐怖が怒りに移行すれば、それが今度は最初の人の恐怖を引き起こし、まさに悪循環が延々と続く。このような負のスパイラルや、その壊滅的な社会的影響がどんなものかは、関係が破綻したり問題を抱えたりしているカップルや家族と言えば、想像がつくだろう。

皮膚に傷を負うと、その後、新しい組織が成長して瘢痕《はんこん》が形成される。それを踏まえれば、チンパンジーの大きな扁桃体は、年がら年中恐怖と怒りのなかで生きているうちに生じたもの、つまり感情的な脳で瘢痕化が起こった結果と見なせるかもしれない。チンパンジーとボノボの脳で最も異なる領域は扁桃体だ。それ自体が、チンパンジーの社会がいかに残酷で無慈悲なものなのか、そして、多少の擬人化を許容してもらえば、チンパンジーがいかに多くの苦痛を感じ、多くの屈辱に耐えているかを物語っている。思わずボノボのような気分になって、チンパンジーの凶暴で孤独なボスたちにも、おびえて萎縮した子分たちにも同情してしまう。

キャノンは独自の構想に進化生物学を取り入れ、感情面の双子である恐怖と怒りは、進化的適応と自然選択を通じて個体のレベルだけでなく種のレベルでも獲得された特性（形質）だと提唱した。そして、感情は進化の産物だというチャールズ・ダーウィンの主張を踏まえ、恐怖は「進化の過程で負った無数の傷に由来する」と要約した。個体が、幼いころの記憶次第で怖がりやすい傾向を身につけるように、種も、とりわけ恐ろしく危険な環境では怖がりになるように進化すると考えられる。

ここで話題を戻し、ボノボと彼らの特徴的な向社会的特性である利他主義、思いやり、共感、親切、寛大、遊び好き、愛らしさ、さらには性的活動の活発さに目を向けよう。そのように複数の行動特性が相関している場合、それら一連の行動特性は、一つの主要な特性が選択され、それにほかの特性も付随して選択された結果であることがよくある。進化生物学者たちは、チンパンジーの主要な適応特性は恐れであり、ボノボの適応特性は逆に恐れないことだと説得力をもって主張してきた[10]。怖がったり激怒したりしやすい社会的性質を持つ個体が、利他的でない、思いやりがない、共感しない、親切でない、寛大でない、遊び好きでないという傾向に向かっていくのは筋が通っている。怖がりやすいか否かは、ほかの反社会的特性や向社会的特性を促進する鍵であり、チンパンジーとボノボのそれぞれの性質は、それぞれが暮らす環境に適している。たとえば、チンパンジーは、より大柄で力の強いゴリラと限られた資源を奪い合わなければならず、ボノボより過酷な環境で暮らしている。

恐れは一つの決定的な特性であり、それに付随してほかの社会的性質が形成されるという説の例として、イヌの行動が挙げられる。イヌの起源は一般的に次のとおりだと言われている。イヌの最初の祖先が、おそらく自然の偶然により、人間の居住地に近づく勇気を授かった。それでイヌはオオカミから分岐し、豊富な食料源、つまり生ごみを利用するようになった、と。この「恐れない」という主要な特性から、私たちがイヌと関連づける、ほかのすべての友好的な特性が生じた。この進化プロセスの再現を目的とした長期研究では、恐怖から攻撃へ転じることの少ないキツネを選び出して繁殖させるサイクルが二〇世代以上にわたって繰り返された[11]。最終的な子孫たちは、先祖たちより怖がりでなく攻撃性も低かったうえ、イヌが持つさまざまな向社会的特性も示した。たとえば、自分たちの群れにいるキツネだけでなく、ほかの群れのキツネとも強い社会的絆を築き、ほかの種の動物とも絆を形成した。すなわち子孫たちは、不安を引き起こす状態である「見知らぬ者への恐怖」（外来者恐怖症）に襲われなかったということだ。子孫たちは先祖たちより遊び好きで、おおむね生活をより楽しんでいるように見え、尻尾さえ振っていた。そして、キャノンが草葉の陰で喜んだだろうが、子孫たちでは副腎からのホルモン分泌が低下しており、恐怖や怒りをつかさどるホルモンの嵐は和らいでいた。

この一〇年で、扁桃体について多くのことが解明されてきた。扁桃体の活動の程度は遺伝子によって決まる部分もあるようだが、経験によって形成された恐怖記憶に強く左右されることが今では知られている。さらに、扁桃体が恐怖と怒りの両方を発生させる脳のエンジンだということもわかっている。恐怖と怒りは私たちの社会的性質に影響を及ぼす感情だ。だとすれば、扁桃体をリラックスさせれば性格特性が改善するだろうという仮説が生まれる。

恐怖記憶を忘れて扁桃体をリラックスさせる一つの方法は、第一章で取り上げたメカニズムを頼ることだ。恐怖記憶は扁桃体の神経細胞で形成されて貯蔵される。そのとき、あらゆる神経細胞の樹状突起スパインの成長を引き起こすのと同じ記憶ツールボックスが用いられる。そして、恐怖記憶はすべての記憶と同じく柔軟性に富んでおり、樹状突起スパインの縮小を引き起こすのと同じ忘却ツールボックスを用いて削られる。では、あなたが元いじめっ子に遭遇したと想像してみよう。ただし、相手は何年も心理療法を受けたか何カ月もヨガ道場で修行して、精神的に成長しているとする。元いじめっ子は怒りの問題を克服しており、必ずしも優しい人間というわけではないにせよ、少なくとも愛想がよくなっており、危害を加えるようなことはない。このとき、あなたの片方の扁桃体に電極を挿入して神経細胞の活動を調べると、性格が変わったあとの元いじめっ子を初めて見たときには活発な活動が記録されるだろう。だが、何度も見るうちに、もともとの恐怖記憶を貯蔵していた樹状突起スパインが縮小する。すると、扁桃体の神経細胞ではゆっくりした恐怖の忘却プロセスが始まり、異常に亢進した活動はだんだん収まっていく。

ＰＴＳＤや恐怖症などの患者で曝露療法を無事に終えた人びとは、自分の社会的性質が改善したと報告する。とはいえ、こうした恐怖の忘却プロセスは何日もかかり、途切れることがあれば、はるかに長くかかると考えられる。この期間が長いため、社会的性質の改善と恐怖の忘却がどれほど関係しているのかを確かめるのは難しい。というのも、忘却プロセスが進むあいだに、多くのほかの要因が患者の行動の改善に寄与する可能性があるからだ。

多くの巧妙な研究によって扁桃体の内部回路がマッピングされたおかげで、今では恐怖の忘却をすばやく誘導する方法がわかっている。扁桃体を車と見なした場合、ブレーキあるいはアクセルのような働きをする扁桃体の神経核があることが確認されている。そして、ブレーキを効果的に踏んで扁桃体の活動をすみやかに低下させる薬が見出されている。ほかにアクセルの踏み込みを緩めて扁桃体の活動を抑制できる薬もある。どちらのタイプも、動物に与えたときに似たような効果をもたらした。すなわち、扁桃体の活動が抑制され、それによって迅速な恐怖の忘却が起こった。

処方薬にせよ麻薬などの薬物にせよ、なぜ効くのか不明なまま数十年前から使われてきた物質は数多くある。しかし、扁桃体のブレーキを踏み込むか、アクセルの踏み込みを緩めることで作用するものも明らかになっている。[12] 扁桃体の活動低下は恐怖の忘却を引き起こし、それとともに人づき合いの喜びをもたらす。実は多くの人が、知らず知らずのうちにそれを経験している。一杯目の酒を飲んだときに対人感情がよくなったことに気づいたことがあれば、少量のアルコールによる扁桃体の活動抑制効果を体験していると言えそうだ（三杯目や四杯目になると効果は薄れる）。同じことが、ベンゾジアゼピン系（ザナックス〔日本での商品名はソラナックスやコンスタン〕やアチバン〔同じくワイパックス〕など）や非ベンゾジアゼピン系（アンビエン〔同じくマイスリー〕やルネスタ）などの処方薬を服用したことがある人にも当てはまる。これらの薬は、恐怖記憶によって生じる不安や心配を和らげてくれるので、まとめて抗不安薬に分類される。今度酒を飲むか、これらの薬のどれかを服用する機会があれば、自分の気分に注意してほしい。チンパンジーにはないボノボの特徴である多くの向社会的特性を引き出す効果が、少しは感じられるかもしれない。

もちろん、アルコールや抗不安薬は扁桃体以外の脳領域にも作用してさまざまな影響を及ぼすし、アルコールに対する感受性の個人差にもよるが、何杯も飲むと効果は曖昧になる。

麻薬のMDMA(メチレンジオキシメタンフェタミン)を試したことがある人は、さまざまな向社会的効果を鮮やかに経験しているだろう[13]〔MDMAはアメリカで一九八五年に非合法化された〕。MDMAは理解しにくい薬物で、化学的性質から脳への影響を推測することはできない。それでも使用者の体験談は一貫しており、MDMAの影響に関する描写は、ボノボの特徴的な向社会的特性とほぼ同じとまではいかないにせよ一致するところが多い。最近の脳画像研究から、MDMAの独特な神経薬理学的性質を知る手がかりが得られた。MDMAによって脳活動が低下すること、そして最も大幅に低下する領域は扁桃体と、それに隣接する海馬に限られることが見出されたのだ――海馬と扁桃体は恐怖記憶にかかわる領域なので、それらを抑制することは恐怖の忘却につながると言える。MDMAは恍惚や歓喜をもたらすことがあるので俗にエクスタシーと呼ばれる。ちなみに、この薬物の特徴を表すのによく使われる言葉が「愛」だ。

さて、扁桃体と薬物の話題はここで終えて、前章のように扁桃体とホルモンの関係に目を向け、改めて愛の話題も取り上げよう[14]。扁桃体の活動を抑制するブレーキシステムが進化したのは、単に快楽やどんちゃん騒ぎの楽しみのためということはなさそうだ。扁桃体を抑制するメカニズムの真の目的が何なのかを理解するヒントは、脳で作られるオキシトシンというホルモンにある[15]。オキシトシンは、二〇世紀に入ったころに発見された。科学界でホルモンの研究が盛んだったころだ。オキシトシンは出産時に大量に分泌されること、そして分娩中に子宮筋を収縮させる生理作用があることが見出された。また、オキシトシンは授乳時にも分泌され、それによって乳汁の産生が促進されることもわかった。もっともオキシトシンは、子どもの出産および授乳という母親の生理学的側面のみに関与しているのではない。母親が子どもに本能的な愛情を持っているということは、誰の目から見ても疑いのないほど明白だろう。そして、オキシトシンの作用が生理学的側面から心理学的側面へ、言い換えれば分娩から母性愛へと拡張されたときに、このホルモンは興味深くなる。

母親の心理におけるオキシトシンの役割は、このホルモンが発見されて数十年が経ってからようやくわかってきた。注射によって脳内のオキシトシン濃度を操作すると、母親の子どもに対する愛着の強さが変わることが見出されたのだ。オキシトシンが多いと、母と子の絆は強まった。さらに、ほかのさまざまな社会的絆もオキシトシンに影響されやすいことがわかった。たとえば、結婚という絆、すなわち少なくとも当事者の意思に基づく一夫一婦婚はオキシトシンの影響を受けるし、結婚のような法的な関係ではない社会的絆もそうだ。だからといって、オキシトシンを外から投与する必要はない。脳で作られる自然なオキシトシンの濃度は、団らんやスキンシップのように人との社会的な結びつきや性的な結びつきを深める活動中に急増する。

オキシトシンは比較的単純な構造のホルモンだが、その作用は単純ではない。このホルモンは脳幹の神経核で産生され、ほかの脳領域に放出される。オキシトシンへの感受性が特に高い領域の一つが扁桃体だ。オキシトシンは扁桃体のブレーキを踏む薬物と同じように働き、扁桃体の活動を抑制する。どの哺乳類も母子の社会的絆を頼りにし、家族や、自分が属する集団と社会的絆を形成することで恩恵を受ける。哺乳類の脳は、進化によってオキシトシンを産生するようになった。このようなオキシトシンの役割と進化の流れを踏まえると、自然によって扁桃体という車にブレーキシステムが組み込まれたのは、反社会的行動を助長する恐怖記憶を忘れさせて社会的絆を育むためだという可能性が高い。では、幼稚園に初めて登園した日のことを思い出してみよう。おそらく、あなたはわくわくしていただろうが、少なくともちょっぴり不安を抱いていたに違いない。そのような状況で恐怖反応が起きたとすると、まず一時的に体が凍りついたか、逃げ出したいという衝動が湧いただろう。なかには、この恐怖が抑えがたい怒りに変わったという人もいるかもしれない。これらは神経症的な反応ではなく、ごく自然なものだ。というのは、未知の環境は危険な可能性があるからだ。初対面の人びととの交流に危険が潜んでいることは実際にあるし、特に幼い子どもにとって、未知の人に会うのは恐ろしいこと以外の何物でもない。このときに起こる恐怖反応は、危険を最小限に抑えるのを助けてくれる。すなわち、逃げるか攻撃するかの行動を引き起こすことによって、心身の安全を確保しやすくなる。ただしその一方で、誰かと初めて交流することから有意義で長続きする友情を築くことまで、社会的絆のすべての形成過程を妨げる。

あなたが登園初日にどれほどびくびくしていたかを左右したのは恐怖記憶だ。それらの記憶は、あなたがよちよち歩きだったころに形成され始めた。たとえ、あなたがかわいがられて育ったとしても、苦痛のない人生などありえない。そして、あなたが幼稚園に入るころには、幼いころの心の傷がすでに記憶の傷跡を扁桃体に残している。恐怖を覚えていることは危険の予測につながるので、生き延びるためにきわめて重要である。だから扁桃体はもともと、恐ろしい出来事を覚え、その記憶を手放さない傾向がある。だが幸い、扁桃体にはそれらの恐怖やその記憶を弱めるブレーキシステムも備わっているので、私たちは恐怖記憶を適度に忘れて社会的絆を作ったり育んだりすることができるのだ。

ストレスホルモンが二人の人間のあいだで恐怖と怒りの悪循環を引き起こすことがあるように、オキシトシンは二人のあいだで、親密な関係を結ぼうという気持ちを盛り上げる。単なるアイコンタクトでもオキシトシンの分泌は増加する。この目と目のコミュニケーションは、人間と社会的絆を持つイヌのあいだでも起こる。最近の研究から、イヌと人間が互いの目をのぞき込むと両者のオキシトシン濃度が上がることや、オキシトシンの投与によって見つめ合いが増えることが示された[16]。イヌを飼っている人は、目をじっとのぞき込んでみよう。すぐに優しい気持ちが胸に広がっていくのがわかるだろう。それはほぼ間違いなく、オキシトシンの分泌による扁桃体の鎮静化と関係がある。ドッグセラピープログラムの人気が高いのも、これで納得がいく。

オキシトシンは「愛のホルモン」と呼ばれることがあるが、これは過度に単純化した呼び方だ。確かに、オキシトシンの役割で最も有名なのは母性愛を強めることだが、オキシトシンの影響を受ける社会的絆のすべてが愛情を象徴するものとは限らない。それに、一夫一婦制を結婚の模範と見なす人もいるかもしれないが、向社会的性格を体現したようなボノボは多夫多妻制であり、オキシトシンと社会的絆の関連は単純ではないようだ。とはいえ、社会的絆――特に愛情に基づく絆――の基盤となる相互信頼を築くためには、恐怖をある程度忘れることが必要だろう。恐怖の忘却によって、心を開くと自分が傷つくかもしれないという不安を乗り越え、互いに心を開いて信頼し合うことができる。

恐ろしく衝撃的な出来事を一つ経験しただけで、脳が損傷を受け、感情的記憶と感情の忘却の正常なバランスが損なわれ、性格に異常をきたしかねない。だが、トラウマになるほどの感情的記憶がもたらす苦しみをある程度忘れることは、さまざまな精神疾患の予防や回復の助けになる。一方、通常の人生経験も、ささやかながら記憶と忘却のバランスに影響を及ぼし、人の社会性を向上させたり低下させたりする。

近ごろは、チンパンジーやギャングのボス、無慈悲な政治家、学校のいじめっ子が見せるような凶暴性を病的なものと見なす傾向がある。もっとも、どんな特性も、あるところで正常から異常の域に入る。たとえば、悲しみはあるところを境にして病的なうつに移行する。問題は、正常と異常の境界線をどこに引くかだ。恐怖を覚えていることは、生きるために明らかに役立つ。言うまでもなく、扁桃体が過度に活発なチンパンジーを病気だと診断して治療するのは間違っている。なぜなら、チンパンジーの性質は、彼らが暮らす過酷な環境に適しているからだ。人間のある状態を病的と見なすか、少なくとも治療するのが妥当だと考える一つの基準は、その状態が他者の生活に苦痛をもたらしているかどうかだ。社会や法制度は、扁桃体があらゆる侮辱や屈辱を鮮明に記憶し、絶えず恐怖や怒りを抱いて生きている凶暴なタイプの人について判断をくだすことがある。現在の政治環境のなかで、私のもとには、人の道徳性を診断してほしいという依頼が増えている。しかし、医師はそうした「専門外の診断」の依頼は断るべきだし、診断や治療を提供するのは、それを求めている人だけにすべきだ。

恐怖の一部をうまく忘れることができ、思いやりを持つ余裕があって怒りを抑えられる人びとは恵まれている。忘却の神経生物学はそのような人びとに、記憶を忘れることができず、恐怖心ゆえに攻撃的になる人になぜ同情すべきなのかを教えてくれる。ほとんどの人は、恐怖記憶が発する悲鳴を、完全には消せないとしても、少なくともときどきは落ち着かせることができる。それをありがたく思うべきだ。恐怖の忘却がもたらす恩恵がなければ、私たちはひどく孤独な人生を送ることになるだろう。

第五章　晴れやかになる心

謎めかしたように、彼は「ひょっとしたらね」と返事をした。私はアメリカの偉大な存命の画家ジャスパー・ジョーンズと、コネティカット州にある彼の自宅のダイニングルームで腰を下ろしていた。妻と私は隣のニューヨーク州に入ったあたりに農場を所有していた関係で、ジャスパーとつき合いがあった。ジャスパーは脳に強い関心を持っており、これまでに何度も私をランチに招いてくれている。そのような機会には彼のアトリエを見て回り、田舎の広大な屋敷をぶらぶらして世間話をする。話題にあがるのは、何と言っても脳のことだ。

視覚芸術を生み出す画家に、脳の視覚系が情報処理経路で物体を表象する仕組みを説明するのは得がたい経験だった。ちなみにジャスパーの有名な作品には、国旗や数字、ダーツの的などのありふれたものが描かれている。彼に説明したのは、視覚系が物体を段階的に再構築する次のようなプロセスだ。まず、大脳皮質の低次領域で最初に色や輪郭、次に個々の要素——たとえば顔の各パーツ——を再構築する。それらの情報が高次領域の中央ハブに集められ、そこで最終的に各要素を統合して一つにまとまった全体像にする。次に、大脳皮質の複数のハブが結合することによって、ありふれた物体が視覚以外の情報とネットワークを作る。それから、この事実情報のネットワークに、扁桃体で処理された感情情報が結びつく。

ジャスパーは、星条旗をテーマにした最初の「旗」シリーズを一九五四年に描き始めた。それはアメリカ軍での兵役を終えた翌年で、愛国的なムードが高まっていた戦後の時代だ。私はジャスパーに、イスラエル軍で戦友たちと私がアメリカとイスラエルの国旗を皮肉的に使った話をした。国旗を、それから連想される愛国心などを含めて風刺したことが、戦争の辛い記憶に伴う感情の忘却を促したことを説明し、「旗」シリーズには、ジャスパー個人か国民の精神衛生に対して同様の効果があると思うかと尋ねた。そのとき、自分の創造的プロセスに関する質問をかわすことで有名なジャスパーは、「ひょっとしたらね」というあいまいな答えしかよこさなかったのだ。

ジャスパーは話し好きな人ではないが、美術全般やほかの画家の作品については比較的しゃべってくれる。私たちは創造性と忘却について語り合った。そのなかから、病的な忘却と正常な忘却に関する会話の内容を紹介しよう。

ジャスパーは抽象表現主義の画家ウィレム・デ・クーニングおよび彼の多くの作品がとても好きだと言ったことがあるが、当初、私はそれに驚いた。私が美術史について知っている限りでは、ジャスパーや彼と同時代の画家でポップアートの先駆者とされるロバート・ラウシェンバーグは、一九五〇年代に美術界を支配していた抽象表現主義に反発して新しい流れを作るのに大きな役割を果たしたからだ。デ・クーニングが代表的な「女」シリーズの最初の絵画作品を完成させたのは、ジャスパーが「旗」シリーズを描き始めるちょうど二年前だった。二年しか違わないが、スタイルや内容はかけ離れている。私にとって最も興味深いのは、これらの絵画を見たときに連想することがまったく異なることだ。デ・クーニングの「女I」は強烈な色彩を用いて、具象的に描かれた表現力豊かな作品であり、この絵を見ると、母親と恋人という、感情を揺さぶる存在が繰り返し浮かんでは消えてゆく。一方、ジャスパー・ジョーンズの「旗」は、日常的な物体を平面的かつ一見単純に（実は近づいて見ると、顔料と蜜蠟《みつろう》が複雑に混ざり合っていることがわかる）、そして感情を交えずに描写した作品で、これは単なる旗だという解釈と、いや、これは皮肉を含む社会的な主張だという解釈が代わる代わる浮かぶ。

デ・クーニングは抽象表現主義者のなかでも特に長生きした画家で、一九九七年に九二歳で亡くなった。一九八〇年代に最後の絵画シリーズを描き始めたときには、すでに認知症の症状が現れていた。ジャスパーがデ・クーニングの認知症の原因を知りたがったので、私はちょっとした医学的な調査を引き受けた。参考になったのは、ジャスパーとの話と公の情報だ。デ・クーニングは長年、酒浸りだったので（一九七〇年代まで酒を飲んで大騒ぎしていた）、認知症の原因としてコルサコフ症候群という健忘症候群は考慮すべきだった。コルサコフ症候群はビタミンB1（チアミン）不足で引き起こされ、過度の飲酒と関連づけられることが多い。また、血管疾患も疑われた。認知機能を担う領域に脳卒中が生じると、認知症を引き起こす可能性があるからだ。第一章で述べたように、ビタミン欠乏症は血液検査によってたいてい除外できるし、血管疾患はMRIスキャンやCTスキャンによって除外できる。私はこれらの検査の情報を見ることができなかったが、デ・クーニングの治療に当たっていた神経科医が、認知症の原因は「ほぼ確実に」アルツハイマー病だと診断したことは知っていた。臨床医、特に当時の臨床医が「ほぼ確実に」という言葉を用いるのは、認知症の原因として考えられるほかの可能性を除外したあとだ。それに、デ・クーニングの認知面の明らかな特徴を踏まえて、医師たちはアルツハイマー病が原因だと確信していた。脳卒中が見つかるなど、除外検査の一部で異常が認められたり、認知面の特徴が合わなかったりして確信が持てなければ、医師の診断はアルツハイマー病の「疑いがある」にとどまる。そこで私は、デ・クーニングの飲酒歴については十分に記録があり、その点は検討されたはずだから、適切な血液検査やMRI検査がオーダーされ、結果は陰性だったのだろうと推測した。

アルツハイマー病という診断は正しかったと判断するための要件の二つ目は、認知面の特徴だ。これは、デ・クーニングが最終的に診断されるまでの数年間の行動に関する記述から得られた。

印象的な逸話が一つある。デ・クーニングは、親しい友人が少し前に描いた絵画を見た直後に、それらを思い出すことができなかった。[1] だが、その友人がずっと前に描いた絵画はきちんと思い出せた。それは、海馬が調子の悪さを訴えているということだ。いや、一八世紀に活躍した病理学者ジョヴァンニ・モルガーニの言葉を借りてもっと感情豊かに表現すれば、それは海馬が「助けを求めて叫んでいる」ことを意味する。モルガーニは近代医学の創始者の一人で、病気の原因部位の叫びに耳を傾ける必要があるという考えを初めて明確に打ち出した。デ・クーニングは友人との先の逸話から約六年後、認知機能の悪化からアルツハイマー病と正式に診断された。最近の出来事を忘れるという病的な忘却が起こり、その後ほかの認知機能が時間をかけて悪化していくのはアルツハイマー病の典型的な経過だ。病変は海馬を起点として、これまでの章で説明した大脳皮質のハブなどの高次領域へと上に広がっていく。デ・クーニングの場合、アルツハイマー病という診断は十中八九、正しかった。

私は、この調査結果は正式な臨床評価とは程遠いと断ったうえで、ジャスパーに結論を伝えた。ジャスパーは話し好きではないにせよ話すのはうまく、話の内容に正確さを求める。穏やかな物腰と南部訛りのゆったりした口調で、簡潔な質問を投げかけて物事の核心を突くのだ。「どうして確実性のレベルが『ほぼ確実』にとどまったのかな?」。私は、アルツハイマー病の確定診断には死後脳の顕微鏡観察が必要で、特に当時はそれが求められたと説明した。そして、神経病理医が、薄くスライスした脳の切片のなかにアルツハイマー病の決定的な病理学的特徴を探すことを話した。特徴とは、線維化して異常に凝集したタンパク質の塊のことだ。これには、神経細胞内で認められる神経原線維変化と、神経細胞と神経細胞のあいだに認められるアミロイド斑とがある。私はジャスパーのアトリエを訪れた経験から、彼が美術の技法、いうなれば視覚芸術における材料工学を重視しているのを知っていたので、彼になら技術的な話も通じるだろうという気がした。そこで、脳の切片をどれほど薄くしても、特別な染色をしなければアルツハイマー病の病理学的特徴は見えないのだと話した。そのような特徴は、染色して初めて、顕微鏡下ではっきりと、そして醜悪に浮かび上がる。

「なぜそれはアルツハイマー病と呼ばれるの?」とジャスパーは訊いてきた。私は、この病気がドイツの神経病理学者アロイス・アルツハイマーにちなんで命名されたことを説明した。アルツハイマー博士は一九〇六年にこれらの病状について、認知症を患って死亡した患者の症例で初めて報告した。それまで、認知症は狂気の一種と考えられていた。本当の病気ではなく、ある程度は自分の意思でやった悪い振る舞い、つまり道徳的堕落が原因だという含みがあったのだ〔当時、認知症の多くは梅毒によると考えられていた〕。当時、本当の神経疾患だと判断するには、死後に解剖をおこなって病変を目に見えるようにする必要があった。アルツハイマー博士は二〇世紀はじめ、その見えない病変を目に見えるようにして認知症が神経疾患だということを証明しただけでなく、この病気について二〇世紀後半に達成されたすべての医学的進歩のきっかけも作った。

「当然、このような病気は一九〇六年以前にもあったんだよね?」とジャスパーは言った。答えはイエスで、もちろん存在した。だが、一九世紀後半になってようやく、神経病理学分野で化学物質による脳切片の染色が始まった。それらの物質は、もともとドイツの繊維産業のために合成染料として開発されたが、布だけでなくアルツハイマー病の病変も着色するものがあるとわかったのだ。ジャスパーは、美術の重要な要素である色が病理学でも重要な役割を果たしているという、この歴史トリビアを聞くと目を輝かせた。

デ・クーニングの死後、脳の評価はおこなわれなかった。現在では、生きている患者でアルツハイマー病の間接的な証拠を検出できる新しい手法があるが、当時はそのようなものは存在しなかった。アルツハイマー病の間接的な証拠となる「バイオマーカー」は、脊椎穿刺《せんし》（腰椎穿刺）で脳脊髄液を採取し、脳脊髄液に漏出したアミロイド斑や神経原線維変化の断片を探すか、これらの病変に安全に結合する放射性薬剤を患者に注射して病変を画像化することによって測定される。デ・クーニングについては死後脳の解剖もバイオマーカーの測定もおこなわれなかった。それでも私は、集まった証拠から、アルツハイマー病という診断はほぼ確実に正しかったという結論にすんなりとたどり着いた。

デ・クーニングの認知機能の崩壊に関する対話を続けるうちに、ジャスパーが単に学術的な興味を抱いているのではないことが明らかになった。一九九五年、ジャスパーと美術史家のグループが、デ・クーニングがニューヨーク郊外のロングアイランドに所有する財産の遺言執行人から呼び出された。デ・クーニングが一九八〇年代に完成させた最後の絵画シリーズを評価するためだった。ジャスパーら専門家たちは、デ・クーニングの診断を考慮して絵画の質を判断するという任務を託された。要するに、それらの絵画は天才的な創造性を持つ年老いた画家の晩年のスタイルを示しているので、彼の作品群のれっきとした最終章と見なしたほうがいいのか、それとも、病気の影響が大きく表れているため、彼の画風から外れるものと位置づけ、彼の遺産を傷つけないように一般公開を見合わせたほうがいいのかということだ。ではここで今の話を要約し、次のような単純な問いに言い換えよう。アルツハイマー病は、画家をはじめ、芸術家が創造性を発揮する能力を損なうおそれがあるのか?

私たち神経科医は、この手の質問に対応することがよくある。患者本人や家族から、また最も困難なケースとして裁判所からも、アルツハイマー病は仕事にどのような影響を与えるのかと尋ねられるのだ。答えは、この病気の段階によるが、決して容易には見出せない。それでも、本職の芸術家より一般の職業に就いている人への答えのほうが、はるかに出しやすい。

アルツハイマー病はゆっくり進行する病気だ。この病気で最初に障害が起こる部位は特定されたが、正確な発症時点が突き止められたことはない。とはいえ、認知症を発症するまでに何十年もかかることはわかっている。大規模な集団を数十年間追跡した結果から、アルツハイマー病が、海馬に隣接する嗅内皮質《きゆうない》の神経細胞がわずかながら異常を起こしつつある「発症前」の段階から始まることがわかっている。この段階の人は、最近会った人の名前を思い出せないなど、新しく覚えた情報をたまに忘れることに気づくかもしれないが、それは本人が自覚するだけで、正式な記憶検査で確実に見つかるわけではない。その後、病気が長い年月をかけて進行するうちに、患者は「軽度認知障害」の段階に入る。この中間段階では、病変の大部分はまだ海馬に限定されているものの、無差別な神経細胞死が始まる。そのため、前夜に見た映画を忘れたり、この前の週末に出席したディナーパーティーのことを忘れたりというように、はっきりとわかる記憶障害が絶えず生じる。その時点から、一般的には五年から一〇年で「認知症」の段階に入る。病変が海馬から大脳皮質の高次領域、つまりほかの認知機能の中枢である複雑なネットワークのハブへと下から上に広がっていくのだ。この認知症の初期段階には、情報の貯蔵や処理、想起がなされる大脳皮質領域が最も著しく障害される。これまでの章で説明した、感覚情報処理経路である大脳皮質のハブも同様だ。こうなると、海馬が「叫び声をあげている」だけでなく、明確に認識できる病的な忘却が起こり始める。たとえば、若いころの出来事や友人の名前、言葉、旅行のルート、家への帰り道を忘れたりする。

困ったことに、この病気はそこで止まりはしない。病変は何年ものあいだ、認知機能を担う領域内にとどまっているが、最終的には大脳皮質全体に広がり、患者の人格や人間性を奪う。その後、病変は大脳皮質の下に位置する脳幹の神経核——神経細胞の集まりでボタンほどのサイズがある——へと深く潜っていく。脳幹は、意識の維持、睡眠、摂食、呼吸といった基本的な身体機能にとって欠かせない部分だ。アルツハイマー病という診断がくだされたとき、患者やその家族はこの末期症状を思い浮かべて恐怖におののく。だが、アルツハイマー病の進行段階のほとんどにおいて、病変は脳の情報処理領域に限局している。

「もし私がその病気にかかったら、とにかく私を撃ってほしい!」。人づき合いの場でアルツハイマー病について話していると、こんな台詞をしばしば耳にする。私ははじめのうち、こう思っていた。これはアルツハイマー病の末期について知った人びとの反応だろうし、安楽死をめぐる倫理的な議論はさておき、こうした反応は無理もない、と。だがしばらくして、人びとはむしろ軽度認知障害や認知症初期の段階を恐れているのだと気づいた。つまるところ、認知機能が失われることへの不安が大きいのだ。私はアルツハイマー病を間近で観察し、その長い経過全体を見てきた。おもには医師としてだが、自分の家族内でも見てきたので、アルツハイマー病にかかったら殺してほしいといった自暴自棄な反応は誤解に基づくものだとわかっている。患者やその家族が受ける苦痛を軽視せずにあえて言わせてもらえば、私が担当している軽度認知障害、さらには認知症初期の段階にある患者の誰一人として死にたいなどと望んでいない。実は、認知能力の多くが失われても、ほかの人びととかかわり合って人生を楽しむことができる。そんなことはわかりきっているだって? だが、情報——その処理、貯蔵、想起——がとりわけ重視される現代において、脳の高度な情報処理能力は過大評価されがちだということを私は患者たちから学んだ。私たちは、自分という存在を保つこと、すなわち自分の根幹をなす性格特性、家族や友人とつき合う能力、笑ったり愛したり美しいものに心を動かされたりする能力には、認知能力はそれほど必要ないということに気づいていないようだ。とはいえ認知能力は、私の仕事にとっては言うまでもなく多くの職業にとって重要であり、その段階的な低下に伴い、職業生活に支障が出ることもある。

アルツハイマー病患者が仕事を続けられるかどうかを判断するにあたり、まず私はジャスパーとアルツハイマー病の段階を確認した。だが途中で自分が講義口調になっていたことに気づいたので、対等な会話になるよう心がけた。それから私たちは難しい部分の検討に取りかかった。具体的には、デ・クーニングが最後の絵画シリーズを描いていたときのアルツハイマー病の「進行段階を判断」し、そしてアルツハイマー病が絵画の質に影響を及ぼしたかどうかを見極めようとした。

私たちは、ある画家が、第一章で取り上げた患者H・Mのように、晩年になって脳から海馬を切除されたと仮定した場合、その人物が依然として、自身の創造性を発揮して作品を創作できるかどうかについて話し合った。この画家では、大脳皮質の視覚情報処理経路は、起点から終点まで影響を受けていないだろう。それに、大脳皮質の視覚のハブが聴覚などのほかの感覚や感情と形成したつながりも、損なわれていないだろう（つながりが形成されたのは海馬切除術の数カ月前までという条件つきだが)。ということで私たちは、アルツハイマー病の発症前か軽度認知障害の段階だったら、この画家の創造性は残存している可能性があると結論づけた。

問題は、デ・クーニングの場合、例の絵画シリーズを創作していた一九八〇年代には病変が大脳皮質に広がっていた可能性が高いことだ。デ・クーニングは一九八九年、アルツハイマー病による認知症だと正式に診断された。私たち神経科医の経験に基づけば、患者は認知症と診断される数年前に、大脳皮質が侵される認知症段階に入る。ただし、それがいつなのかを正確に突き止めるのは難しい。というのも、解剖学的に見ると、アルツハイマー病は脳領域が一つずつ順に切除されていくように進行するのではないからだ。アルツハイマー病の進行において、各段階は境界をはっきりと区別することはできず互いに重なり合っている。病変が新たな領域にじわじわと侵入していくにつれ、神経細胞がむしばまれてゆっくりと全滅へと向かい、その領域の状態は何年もかけて悪化する。というわけで、病変がどの脳領域にどの程度広がっているか判断するのはそもそも難しいが、ジャスパーと私は次のような結論を出せた。デ・クーニングの病変は一九八〇年代の大半において、すでに海馬からほかの領域に広がっており、彼の視覚情報処理経路はアルツハイマー病の影響を受けていたが、侵されていたのは視覚の中央ハブ、つまり大脳皮質の高次領域のあたりに限られる。このようにしてデ・クーニングの脳領域と病変の関係を地図のように表していった際、私は非常に重要だと思えた点をすぐに強調した。それは、病変が感覚情報処理経路に広がり、中央ハブだけでなく物体の色彩や輪郭が処理される大脳皮質の低次領域のハブも侵されるのは末期の最後だけだということだ。一九八〇年代のほとんどを通じて、デ・クーニングの大脳皮質の低次領域があまり影響を受けていなかったのはほぼ間違いない。

こうして、ジャスパーと私は意見を交換しながら、ついにデ・クーニングの病変のおおまかな脳地図を作り上げた。デ・クーニングが最後の絵画シリーズを描いたのは、病変がすでに大脳皮質の視覚情報処理経路に及んだあとだったが、病変は高次領域に達しただけだった。高次領域の中央ハブでも、多くの神経細胞が、「病んでいた」とはいえまだ生きていた。したがって、中央ハブで起こる感覚情報の複雑な処理はおぼつかなくなっていただろうが、できなくなっていたのではない。これらの神経細胞がほかの情報や感情と形成する結びつきは、緩くなってはいたが、なくなってはいなかったはずだ。一方、デ・クーニングの大脳皮質の低次領域では、一九八〇年代を通じて神経細胞がしっかりと健全な状態を保っていた。この時期に、デ・クーニングのスタイルは激変した。それまでは、濃密で変化に富む筆致で人物や物体、風景が複雑かつ荒々しく描かれていたが、そうした特色は影を潜め、まばらな曲がりくねった太い線、単純な色や輪郭に取って代わったのだ。この激変の理由を、デ・クーニングの病変を示した脳地図によって、少なくとも神経学的に説明できる可能性があった。

問題は、デ・クーニングの病変の地図から、彼が晩年に描いた絵画の質について何がわかるかだ。要するに、彼の認知機能は、画家としての専門能力に影響が出るほど損なわれていたのか？神経科医は、このような質問をしょっちゅう受ける。医師の答えは、患者が仕事を続けられるかどうかを判断するための参考となる。神経心理学的検査では、海馬や前頭前皮質、それらと結びつく大脳皮質の領域の異常に関する客観的な証拠が得られる。つまり、情報を処理して覚えたり、よどみなく話したり、数字などの抽象的な記号を計算したり使ったり、心のなかで空間や時間を移動したりする能力が低下しているかどうかがわかる。この検査は、整備士が車を調べるときに使うチェックリストのようなものだ。この認知機能のチェックリストは、患者の具体的な状況に当てはめて検討することで、ほとんどの患者については、仕事をする能力が損なわれている可能性が高いかどうかを判断するのに役立つ。しかし、画家に対してはそうもいかない。

画家の作品が一定水準を下回っているかどうかの判断は神経科医の守備範囲を超えているとなると、ほかの専門家の出番である。今回の件では、デ・クーニングの住宅を一九九五年に訪れたジャスパーと美術史家のグループだ。彼らは総意として、最晩年に描かれた数点を除くほとんどの作品は、高い芸術性があり、デ・クーニングの画風と一致しているので、彼の作品と見なせるという結論を出した。この判断に基づいて、これらの絵画の展覧会が開催されることになった。最終的に一九九七年にニューヨーク近代美術館で展覧会が開かれ、世界で広く称賛された。

デ・クーニングについての調査結果に基づき、私は現役神経科医としての結論をはっきりと述べた。基本的に、画家はアルツハイマー病の発症前、軽度認知障害、認知症初期の段階を通じて創作活動を続けられる、と。認知科学者でもある私にとって最も興味深かった結論は、感覚情報処理経路の高次領域が機能しなくなって——その豊かな連想のネットワークが破綻して——、感覚情報の処理がおもに、連想のネットワークが乏しくて未熟な大脳皮質の低次領域で単純におこなわれるようになっても、創造的な活動はできるし、天才的な創造性も発揮されるということだ。この神経学的な推論に対してジャスパーは首をかしげ、いわくありげに笑みを浮かべた。

ジャスパーは、「旗」を描いたときの創造的な活動を垣間見せてくれている。(2) 私にではなく、一九六〇年代に公表された多くのインタビューでだ。インタビューで彼は、創造的な活動に睡眠が役割を果たしたことを明らかにし、星条旗を描くというインスピレーションを夢で得たと語った。夢を見ているときは、ジャスパーなどの画家だけでなく科学者にとっても創造性に満ちた状態だということが知られている。(3) だが、ジャスパーに、インタビューで答えたことをさらにくわしく話してほしいと頼んでも無駄だとわかっていた。この話題については、とぼけるはずだからだ。それでも、夢を見ることが創造性にどう役立つのかが解明されつつあるので、彼が睡眠の生物学的な目的に関する新しい知見に興味を持つのではないかと思った。

なぜ睡眠が体にとって必要なのかは、生物学の最大級の謎であり続けている。生きるための飲食に欠かせない時間は一日あたりほんのわずかなのに、人間は睡眠に何時間も費やすことを余儀なくされ、周囲の世界にはさまざまな危険が潜んでいるのに、外界から意識が遮断されてしまう。体が求めるたっぷり八時間の睡眠を確保できる恵まれた人はもちろん、自分の睡眠時間はずっと少ないと主張する人でも、生きている時間のほぼ三分の一にわたり、自分の姿を周囲にさらして隙だらけになるわけだ。睡眠中は無防備になるにもかかわらず、覚醒と睡眠を交互におこなうことは生命にとって不可欠であり、複雑な神経系を持つ生物で、生きるためのこの毎日のサイクルを脱却できたものはいない。哺乳類も（人間からげっ歯類まで）、脊椎動物も（ニワトリから魚まで）、下等の無脊椎動物でさえ（ショウジョウバエから脚のないミミズのたぐいまで）睡眠を取る。だが、栄養分や水分が身体機能にとって必要なことは容易に説明できるのに、睡眠が必要な理由はまだわかっていない。

周囲をしっかりと認識できる覚醒した状態は生存に有利だが、生きるためには一日に何時間も無意識状態にならなければならない。その理由を説明しようとして、これまでに多くの仮説が提唱されている。仮説の一つは、概要が四半世紀前に提唱されたのち、裏づけとなる間接的な証拠が徐々に集まってきた。そして、高度な技術が開発されたことにより、ようやくここ数年で、その説の検証と確認が進んだ。

フランシス・クリックは、DNAの二重らせん構造を明らかにした功績によって一九六二年にノーベル生理学・医学賞を共同受賞した科学界の巨匠だ。彼は、第二章で触れた遺伝学の革命の火つけ役となった人物で、キャリアの後半に研究テーマを変えた。大胆にも、脳科学の特に難しいテーマである意識の本質と睡眠の謎に取り組むことにしたのだ。一九八三年、クリックは論文を発表し、睡眠の生物学的な目的に関する仮説を提示した。そして、自らの複雑な考えを次のよ

うな簡潔にして衝撃的な一つの結論に要約した。「私たちは忘れるために眠る」(4)

神経レベルでの記憶の基盤は樹状突起から突き出た小さな棘、すなわち樹状突起スパインだということを思い出してほしい。大脳皮質には神経細胞が一〇〇億個以上あり、その一つ一つに樹状突起スパインが数千〜数万個あるので、スパインの数はまさしく天文学的な数字になる。スパインの役割は、経験によって、その大きさと、表面にある神経伝達物質受容体の数を変えることだ。それぞれのスパインには経験に応じて棘を伸ばす分子装置があり、一つ一つの経験がさまざまな領域でスパインの成長を引き起こす。

人生のある一日を、小型カメラの内蔵された眼鏡をかけて過ごすと想像してみよう。そのカメラは、あなたが経験することをコマ送りで撮影して何千枚、何万枚もの画像を記録する。その日の夜、一日の経験をスライドショーとして見ると、あなたは経験のほとんどすべてではないにせよ多くを思い出すだろう。それぞれの短い記憶は、大脳皮質に分布する膨大な数の樹状突起スパインが成長することで生じる。多くの経験には重複した情報が共有されているので、関与するスパインも重複しているとはいえ、一つ一つの経験は、少なくとも部分的にほかの経験とは異なる。そのような個々の経験を思い出したなら、それはあなたの脳がその日を通して、たとえ顕微鏡でしか見えないほどにせよ成長したに違いないという心理学的な証拠だ。では次に、駆け足で世界旅行をすると想像してみよう。一週間の強行軍であちこちに飛び、都市、密林、山脈、古代遺跡、砂漠、素朴な田舎、そして退屈なリゾート地の島など、さまざまな環境のなかで観光尽くしの日を過ごす。旅行中は毎日、あなたの脳で何千もの生き生きとした記憶が形成される。記憶の各断片は、相当な数のスパインが成長したことを意味する。硬い頭蓋骨があるので、脳は大幅には拡大できない。一つ一つのスパインの成長分はごくわずかだとしても、大脳皮質は遅かれ早かれスパインで満杯になるだろう。これが起こると、色の濃淡がなくなる色飽和を起こしたデジタル画像のように、以前に経験したことの記憶のスナップショットは一色でべた塗りした状態になって見分けがつかなくなる。スパインが成長し尽くすと、いずれ大脳皮質では新しい記憶が形成される余地がなくなってしまう。このようなスペースの問題を別にしても、スパインの過度な成長は認知機能の混乱を引き起こすだろう。大脳皮質の感覚情報処理領域に成長しすぎたスパインが密集すると、外部世界の知覚まで影響を受けるようになる。すると、これらの領域の神経細胞は外部からの情報に過度に反応するので、知覚がゆがめられる。さらに、情報が多すぎて感覚情報処理がおかしくなり、知覚が異常をきたす可能性もある。[5]

クリックは、この問題を解決するという睡眠の役割を一九八三年に初めて提唱した。それは「賢い忘却」と呼ばれることになる仮説で、この考えは彼の教え子やほかの研究者により長年にわたって修正され、磨きをかけられてきた。神経系の構造や機能は経験に対応して変化するという神経可塑性の原則に基づけば、睡眠、なかでも夢を見ることは、毎日の経験に応じて成長した新しいスパインに二つの相反する影響を及ぼすはずだ。夢を見ているあいだ、海馬は大脳皮質にある経験の断片を刺激して記憶を再現するが、すべての出来事の一部始終を再現するわけではない。夢は、テレビで「以前に見た」連続番組のハイライトのようなものだ。特に重要な部分、つまり出来事の展開の要点をとらえたり強調したりするのに必要なごく少数部分だけが抜粋されて再提示される。そのとき、海馬は大脳皮質の特定のわずかなスパインのみを持続的に刺激し、その特定少数のスパインが安定化して記憶が定着する。それらのスパインは、毎日の経験の要点を表しているわけだ。しかし、より広範な影響がある。それは、夢を見ているあいだ、新しいスパインの大多数は刺激されないままだということだ。神経可塑性仮説によれば、さまざまな領域のスパインが新しく成長しても、それらは不安定で、刺激がなければ縮小する。一晩ぐっすり眠ると、一部のスパインは安定化して記憶が定着しているかもしれない。だが、一日が終わって寝る前と翌朝の大脳皮質を比較すると、スパインは全体としては縮小しているだろう。すなわち、睡眠の正味の効果は忘れることなのだ。樹木を刈り込んで形を整えると細部が引き立つのと同じで、睡眠中に起こるスパインの大規模な除去が記憶の整理に役立つのは間違いない。ただし、それは睡眠の副次的な効果であって、クリックの仮説によれば、睡眠の主要な目的は大脳皮質をリフレッシュすることにある。睡眠は大脳皮質の記録を片づけて白紙にし、大脳皮質が新しい記憶を受け入れられるようにする。神経細胞の興奮性を抑え、大脳皮質の無意味な情報をうまく消去することによって、入ってくる感覚情報の安定した処理と流れを保つのだ。

この仮説は筋が通っているが、鍵となる前提が研究で実験的に検証されたのは数年前にすぎない。二〇一七年、高性能の新しい顕微鏡といった最先端技術を用いることで、ついに樹状突起スパインの大きさが大脳皮質の広範な領域で測定された。[6] 研究の結果は歴然としていた。睡眠は正味として、スパインの大規模な縮小を引き起こした。すなわち忘却をもたらしたのだ。クリックの元教え子で、睡眠が忘却を引き起こすことを示す重要な研究の多くを手がけた研究者の言葉を借りれば、睡眠は、学ぶことに貪欲な神経系——だから外部世界からの刺激に反応しやすいスパインを進化させた——を持つことに対して「支払わなくてはならない代償」だという。[7] この仮説のさらに見事な点は、なぜ私たちが毎日、外部世界から長いあいだ意識が遮断されなくてはならないのかを説明できることだ。スパインを縮小させるのは、瞬間的にできることではない。忘却をつかさどるのは精巧な分子装置であり、そのような装置が新しく成長したスパインを慎重に分解するのに数時間かかる。忘却は、ゆっくり、じっくり時間をかけておこなわれるものなのだ。

何日も睡眠を取れなかった人びとに現れる行動上の変化から、この仮説を裏づける証拠が得られている。[8] 従来の仮説は、睡眠は記憶にとって重要だと主張していた。もしそうなら、眠らないことは最終的に、アルツハイマー病の初期から見られるような記憶障害を引き起こすはずだ。しかし、そうはならない。実際に報告されているのは、神経細胞が外界からの感覚情報に過敏になっているときや、大脳皮質の諸領域が過剰な感覚情報を処理しきれないときに起こるような症状だ。睡眠の主要な目的が忘却、つまり樹状突起スパインを縮小させて情報を消去することであれば、そのような症状が生じるのは意外ではない。忘却の欠如による特徴的な症状は、知覚がゆがんでおかしくなることだ。何日も徹夜を強いられた人はほぼすべて、そのような症状にまいってしまう。徹夜を続けると、視覚情報処理経路のあらゆる部分に影響が出て、色や輪郭や知覚対象の構成要素がひずんで見えるようになる。しまいには統合された全体像がおかしくなり、一時的な幻覚すら生じる。

睡眠が引き起こす忘却の影響に注目すると、創造的なひらめきに対する睡眠の効果も見えてくる。心理学者たちは、画家や彫刻家などの視覚芸術家、詩人、小説家、音楽家、物理学者、数学者、非凡な生物学者など、創造力が高いと一般に認められている人びとに独創的な発想が生まれるときの心理プロセスを客観的に描写してもらうという方法で、創造性について研究してきた。(9) これらの人びとの証言から、一つの共通する特徴が浮かび上がっている。一般に、「創造する」と言うと新奇性や革新性が伴うとされ、「創造的である」と言うと何かを生み出す力があると思われがちだ。だが、創造の心理プロセスについての人びとの話をまとめると、まったく新しいものが降って湧いたように誕生するということはあまり起こらない。むしろ、新しいものを生み出すひらめきは、既存の要素同士が意外な形で突然結びついたときに起こる。それは一種の認知的な錬金術と言ってもいい。人びとは創造的なひらめきについて、次のように説明している。頭にあるさまざまな要素が「組み合わせの遊び」をする。それらの要素が「ぶつかって何かと何かが噛み合い……安定した組み合わせができる」。要素と要素が「何らかの共通点のあいだに働く一種の化学的親和性を通じて水面下で結びつく」。私が気に入っている説明は、イギリスの詩人スティーヴン・スペンダーの言葉で、彼は自らの創造的プロセスをこう語った。「アイディアのぼやけた雲が……凝集して言葉の雨になっていくのだ」

心理学者たちは、諸要素の組み合わせから創造性が生じる様子をとらえようとした。(10)そのために考案したのが遠隔連想課題というものだ。次の三つの言葉を検討してみよう。「ゾウ(elephant)」「喪失(lapse)」「鮮やかな(vivid)」。これら三つすべてと関連する四つ目の言葉を考えてほしい。答えは「記憶(memory)」だ〔英語には「ゾウは決して忘れない」という諺がある〕。では、別の三つ、「ネズミ(rat)」「青(blue)」「小屋《カッテージ》(cottage)」と結びつく言葉はどうだろうか？「チーズ」と答えたら正解だ。しかし、正解できなかったとしても、少し時間を取って記憶、チーズという二つの答えについて考えてみてほしい(註(11)にほかの例も挙げてある)。これらの言葉を組み合わせて正しい答えを思いついたにせよ、正しい答えを見たにせよ、それらの答えが正しいことはすぐにわかるはずだ。そして、あなたは「なるほど」という瞬間を味わう。心がたどるべきはっきりしたルートはなく、正しい答えを導くための認知的な計算の公式もない。正解はふと浮かぶ。正しい答えは、つねに大脳皮質のどこかにある。あなたはネズミがチーズを食べることを知っているし、ブルーチーズやカッテージチーズを食べたことがあるか、少なくとも見たことがあるだろうから。だが、「ネズミ」という一語から自由に連想してほしいと言われたら、「チーズ」は最初には浮かばないだろう。あとの二つの言葉についても同様で、チーズを商売にしている人以外では、「青」からは「空」が引き出され、「小屋《カッテージ》」からは「家」が思い浮かぶかもしれない。「ネズミ」から「チーズ」が真っ先に出てくるとすれば、有害生物駆除の専門家で、さまざまな餌を試したことがあるネズミ捕りのプロくらいではないだろうか。同様に、「ゾウ」「喪失」「鮮やか」から「記憶」という言葉が頭に浮かぶのは、私と同じく記憶の専門家に限られるかもしれない。一方で私はと言えば、何かにつけて「記憶」に関連した言葉を思い浮かべやすいせいで、創造力に制約がかかっている可能性もある。たとえば、hippocampus という言葉を見た場合、「記憶」と直接関連する「海馬」（英語は hippocampus）にとらわれてしまい、何とも魅力的な海生生物の「タツノオトシゴ」（ラテン語の属名は Hippocampus）は最初には浮かんでこない。

そして、これがまさにポイントだ。創造力には、以前から存在する連想、つまり記憶が必要とされるが、それらの連想は互いの結びつきが緩く、ほかの要素と戯れられる状態のままでなくてはならない。芸術家たちの証言は、創造力は、さまざまな要素に浸るなかで要素間に関連が確立されることによって生じるが、それは要素同士の結びつきが緩やかなときに限られるということを教えてくれる。あらゆる視覚芸術家が光景に浸り、詩人が言葉に浸り、科学者が事実やアイディアに浸る。しかし、偉人が凡人と違うところは、連想が石に刻まれたように固定していないことだ。

連想を固定させないこと。要素間の結びつきをほぐすこと。そして、石ではなく粘土に刻まれた連想。これらはどれも創造力にとって必要であり、どれも忘却にかかわりがあるように思える。本当にそうだろうか？　忘却が創造力を支えているという証拠は、「青－空」や「小屋－家」のようなペアになる言葉同士の結びつきを強めたり弱めたりする各種の方法を用いた心理学研究から初めて得られた。[12] たとえば、実験参加者を特定の言葉のペアに何度も触れさせると、それら二つの言葉が強く結びついた記憶が形成された。そのあと彼らに、どちらか一方の言葉とペアになる言葉をさらに考え出す課題をしてもらうと、予想されたとおり、当初は成績があまりよくなかった。しかし、実験参加者たちの成績は、それからの数日間で少しずつ向上した。時間とともに記憶がどれだけ減少していくかはわかっており、実際そのように記憶が失われていく（忘却が進んでいく）につれて成績が向上したのだ。

忘却と創造性を関連づける証拠は、今述べたような興味深い研究に加えて、睡眠の研究からも得られている。[13] これらの研究では、言葉を思い浮かべる課題などの方法で創造力が測定され、夜にぐっすり眠ったり、特に夢を見たりすると、創造性に大きなメリットがあることが示された。さらにくわしく調べたところ、これは睡眠の休息効果によって生じたのでもないし、一日の経験に関する記憶のなかで一部が夢によって鮮明になったために生じたのでもないことがわかった。これらの研究の多くがおこなわれた時期は、樹状突起スパインのサイズ測定という決定的な研究によって、睡眠の目的は毎日の記憶の大半を忘れることだというクリックの予測が確かめられる前だった。それでも、新たな科学的知見を得て振り返ると、次のような結論が必然的に引き出される。記憶から連想される物事同士が、睡眠による忘却のおかげで緩くしか結びついておらず、ほかの要素と自由に結びつける状態のときに、創造性は最も発揮される。

なぜ私たちは食事をする必要があるのか、食物はどのように消化されるのか、栄養はどのように細胞まで送られるのか、細胞はどのように栄養を燃やしてエネルギーを作り出すのかといったことは、誰でも知識として学べる。だが、猛烈な空腹感を覚えること以上に食べる必要性をはっきりと教えてくれるものはない。盛りだくさんの長い一日を終えたときには、とにかく寝たいという気持ちになるものだが、これは睡眠の必要性、ひいては忘却の重要性をよくわからせてくれる。十分な睡眠を取れば、樹状突起スパインがきれいに刈り込まれる。それで脳はリフレッシュして新しい日の出来事を記録できるようになり、爽快な気分で目覚められるのだ。眠れぬ夜を何度も過ごすと、気分が停滞して調子が狂う。それは一つには、不要な情報で脳に負担がかかりすぎたことが原因だ。

ジャスパーと私は長時間の議論の最後に、忘却は創造力を高めるために進化したのかという問題を検討した。人間をはじめとするさまざまな種が、創造的なひらめきの恩恵を受けてきたのは間違いないが、創造力は忘却プロセスが進化する過程で生まれた副産物の可能性が高い。忘却プロセスが進化したおもな理由は、これまでの章で説明したような認知面や感情面のメリットにある。それでも、忘却が心を軽やかにし、想像力や創造力の飛翔を妨げる暗い記憶から私たちを解き放ってくれるというのも、やはり本当のことだ。

第六章　謙虚な心

医療にかかわる意思決定は、人生のさまざまな状況における意思決定と同じく個人的なバイアスの影響を受けやすい。そのため、医師はたとえば自分の家族、さらには親しい友人の治療に携わらないことを求められる。なぜなら、アメリカ医師会の倫理規定によれば、親密な関係は医師の「プロとしての医学的判断」に「はなはだしい影響を及ぼす」おそれがあるからだ。医療上の緊急事態が起きたときなど、私たちはこの倫理規定を破ることもあるが、その場合には医療ミスを減らすため、自分のバイアスを十分に認識していなければならない。

「過小化バイアス」は、愛する人びとを治療したことのある同僚たちがよく挙げる問題だ。私たちは、よく知っている人が何かの症状を訴えたとき、ともすればそれを軽視してしまい、話を注意深く聞かなかったり、深刻に受け止めなかったりする。たとえば医師である私の友人は、三歳の娘から、いつも喉が渇くと訴えられたのに取り合わず、あとになって娘が糖尿病だとわかった。どのような対人関係も、意思決定にバイアスを与えてしまう可能性がある。医師が医師を治療してはならないという倫理規定はもちろんないが、この場合も私たちはバイアスに警戒しなくてはならない。過小化バイアスが起こると、対処の不足や遅れにつながることがある。逆に、医師が別の医師を治療するときには「過大化バイアス」が起こりうる。同僚の診断でミスをしたら恥ずかしいという気持ちからか、検査を過剰にオーダーするなど、えてしてやりすぎてしまうのだ。

自分の認知活動について、認知的な能力だけでなくバイアスや罠も含めて自覚する能力はメタ認知と呼ばれる。私はある日の午後、診察する予定の患者リストに目を通していてX医師の名を見たときに、メタ認知の瞬間を経験した。X医師は私と同じ医療センターの所属で、世界的に著名な感染症の専門家だ。私は彼とは面識がなかったが、評判は知っていたし、家族を診てもらったことが一度あった。彼は私と同じく、医師が医師の治療に当たるときにバイアスが生じる可能性に気づいていたようで、同僚の医師同士という関係が、患者と医師という新たな関係に影響を与えないようにしようとしているのが最初からありありとわかった。X医師はごく慎重に自己紹介をおこない、断固として私を「スモール先生」と呼んだ。そればかりか、患者を診ている合間を縫って私の診察室に駆けつけたにもかかわらず、白衣も脱いでいた。私も彼のやり方にならい、病院のスタッフ同士でよくするような世間話はあえて控えた。それに、ふだんは自分の患者以外のほぼすべての人に、ファーストネームの「スコット」と呼んでほしいとお願いするが、X医師から「スモール先生」と呼ばれても、そう言わなかった。

X医師は四〇代後半で、主訴は一風変わっていた。ほかの人よりものを忘れやすく、しかも昔から忘れっぽかったと感じており、客観的にそうなのかを知りたがっていたのだ。私が「なぜ今知りたいのですか?」と尋ねると、彼は、中年に差しかかって単に自分のことを客観的に振り返るようになったからだと答えたが、それが真実の半分でしかないのは明らかだった。第一章で心が「トラバサミ」のようだったと訴えたカールは、もともと記憶力のよさを誇っていたが、対照的に、X医師は自分の記憶力が同級生より悪いと小学生のころから思っていた。私は、記憶力が本当にひどかったはずはないと指摘した。というのも、難関大学と医学大学院で成績が優秀だったことは経歴書からわかったからだ。あたりまえだが、成績は暗記力がものを言う。彼は、自分は「詰め込み」が得意で新しい情報を何日か「頭に入れておく」ことはできるが、その後、時間が経つと消える「不可視インクのように」記憶が頭から蒸発してしまうような気がすると説明した。世間話にせよ、有名な俳優の名前にせよ、一時的に覚えた専門知識――大学では歴史的出来事のあった年、医学大学院では脳神経の名称――にせよ、記憶力はほかの学生より明らかに悪かったという。そして彼は、医学的な評価をするうえで重要なことを口にした。記憶力は時とともに悪くなったのではなく、要はそのように自分の「脳は配線されていた」と明言したのだ。

神経学的検査をおこなったところ、異常はなかった。過大化バイアスによる余計な検査だとわかっていたので、私はMRI検査や標準的な血液検査をオーダーしたいという気持ちをこらえた。それでも、X医師の記憶力が標準以下だという客観的な証拠があるかどうかを見極めるため、同僚の臨床心理士に、認知機能を正式に評価する標準的な神経心理学的検査一式をしてもらえないかと依頼した。同僚は承諾した。二週間後、検査が終了して結果が出たので、私たち三人は、私の診察室の先にある認知機能検査室で結果を検討した。なにしろX医師は同僚だったので、おそらく彼を安心させるために臨床心理士は開口一番、IQの高さを称賛した。それをなんとなくわかっていたか事前に聞いていたかで、X医師は賛辞を軽く受け止めてから目下の医学的な本題へと話を移し、主訴である記憶力について尋ねてきた。私は、自分の患者や学生の多くに接するときと同じように、神経学では脳の解剖学的構造に基づいて「記憶」というあいまいな概念をいくつかのタイプに分けると述べ、次のようなことを説明した。海馬、そして新しい長期記憶の形成における海馬の役割について。記憶が最終的に貯蔵される後部皮質領域について。皮質の貯蔵領域から記憶を想起するのを助ける前頭前皮質について。それから、それぞれの記憶システムが神経心理学的検査でどのように評価されるのかについて説明したところで、臨床心理士がX医師の検査結果をくわしく話し始めた。

X医師の成績は、記憶貯蔵部位や記憶の想起を評価する検査では正常だったが、海馬の機能は正常より低かった。私はすかさず口をはさみ、海馬の機能は平均より低いが異常ではない、つまり身長にばらつきがあるように、X医師の記憶力は単に正常範囲のなかでやや下側にあるということだと表現を和らげた。医学的知識の豊富なX医師は身長の喩え話を引き継ぎ、最終的な身長は遺伝で決まるが、栄養失調が起こると、この自然に到達できる身長に届かないこともあると丁重に指摘して次の質問を投げかけた。もしかして、これは記憶にも当てはまるでしょうか？　私は、原則としてそうだと答えた。以前から、食物中の成分は認知機能に影響を及ぼすと考えられてきた。たとえば、私たちは二〇一四年、ポリフェノールの一種であるフラバノールという化合物群が海馬の機能と特に関連していることを突き止めた。(1) フラバノールはさまざまな果実や緑茶に含まれているが、カカオ豆に最も高濃度で含まれているので、「カカオフラバノール（ココアフラバノール）」と呼ばれることもある。もっとも、X医師の食習慣をざっと調べたところ、申し分ないことがわかった。フラバノールの摂取量を測定する血液検査は開発されつつあるが、まだ臨床で利用されるには至っていない。私には、X医師の記憶力が正常より劣る原因は遺伝子にある可能性が高いと思えた。それについて彼が知りたがるのはわかっていた。そこで、海馬依存性の記憶と関連があるタンパク質およびそれらをコードする遺伝子を特定した最近の研究の論文をいくつか送ると彼に約束したが、(2) この医学情報によって治療が変わることはないとつけ加えた。そのうえで、X医師の予感は正しい可能性が高い、つまり彼の脳はおそらく生まれつきそのように配線されているのだろうと伝えた。彼は、自分の父親の記憶力も悪いことで知られていたので、今の話には納得がいくと認めた。自分の記憶力の悪さについて客観的な裏づけが得られたことで、気が済んだ様子だった。たとえ自分が何らかの点で正常以下だとわかったとしても、自分について知ると満足感が得られることもあるのだ。

そのあとX医師は自分のＩＱの話題に戻り、記憶力があんなに悪いのに、どうしてＩＱが非常に高いなどということがありうるのだろうと首をひねった。この質問は臨床心理士が引き受け、ＩＱの測定原理や、成績を左右する要因について説明した。X医師に受けてもらった神経心理学的検査は一般に用いられるもので、複数のサブ検査からなる。知能は脳のさまざまな機能が合わさったものであり、各種の機能をサブ検査で測定するのだ。サブ検査のなかでただ一つ、成績が海馬の機能に大きく左右される検査がある。それは語彙力のほか、地理や歴史の知識を測定するもので、X医師の成績はせいぜい平均というところだった。彼のＩＱが並外れて高かったのは、海馬とあまり関連がない、ほかのサブ検査のずば抜けた成績によるものだった。心理学では、さまざまなサブ検査で測定する認知能力を一つにまとめる。それは重要そうな響きがする「実行機能（エグゼクティブ・ファンクション）」と呼ばれる。

エグゼクティブという言葉から重要な感じがするだろうが、実際、実行機能は非常に重要だ！ただし、実行機能は、たとえば「記憶」や「言語」よりも知られておらず、説明しにくい。それでも、知的好奇心を刺激されたX医師がぜひくわしい話を聞きたいと望んだので、臨床心理士と私はリクエストに応じた。脳には実行機能をつかさどる脳部位、いうなれば執行部門がある。政府や企業の最上層部のように、脳の執行部門は第一に、次々に入ってくる情報を整理して論理的な判断をおこない、この「情報収集活動」から立ち上がってくる問題に対処する任務を負っている。そして何らかの対策が必要だと判断したら、二つ目の機能として、最も合理的な行動計画を立てて実行に移す。この二つ目の機能を評価する神経心理学的検査はあるにはあり、高い事務処理能力が求められる職業の採用試験などで利用されることがある。だが、私たちが用いる神経心理学的検査はおもに一つ目の機能、すなわち論理的思考と問題の分析的な解決の能力を評価する。X医師が秀でていたのは検査のこの部分で、それが高いＩＱを決定づけるおもな要因だった。X医師は説明をすぐに理解し、一つ目の機能は基本的に数学的処理だと要約した。彼は数学がずっと得意だったのだ。「えっ、でも、数学的処理ってどういうことですか?」。臨床心理士と私はほぼ同時に、少々声を尖らせながら訊き返した。要約するのは別に間違ったことではないし、何と言っても私たちはみな還元主義者だ。しかし、論理的思考は数学的処理だと言うのはトートロジーのようなもので、思考は考えることだと言い換えるのに近い。それはともかく、心理学では論理的思考をするために必要な心の働き（心的操作）を研究対象とし、神経学では、このような心的操作がおこなわれる神経解剖学的な部位に注目する。

では、まず心理学からだ。心理学では、論理的思考や問題の解決をするときの数学的処理に必要な記憶の処理能力を表す概念がある。これはワーキングメモリ（作業記憶）と呼ばれる(3)。海馬依存性の長期記憶と混同してはならないが、ワーキングメモリとは、心的操作をおこなうのに必要な短い時間だけ情報を覚えておく能力を指す。ワーキングメモリは脳のメモ帳のようなもので、ワーキングメモリが働くと、曲芸師が複数のボールを同時に放り上げられるように、複数の情報を同時に保持できる。たとえば、向き合った二両の列車が異なる速度で互いの方向へ走っているときに、それらがすれ違い始める時間や位置を問う古典的な算数の問題がある。多くの生徒を悩ませるこの通過算は、ワーキングメモリを使う作業の一例だ。ほかにも、頭のなかで複雑な三次元の物体を回転させたり、たくさん並んだ絵のなかで、一つだけ違う絵を探したりするときは、分析的な問題の解決に適したワーキングメモリが役に立つ。数学的思考におけるワーキングメモリの役割がわかる単純な例として、私たち神経科医が用いる「連続7減算」という頭の体操がある。患者に100から次々に7を引いていってもらうのだ。つまり、100引く7(答えは93)、93引く7(86)といった具合で引き算を繰り返し、どこまで続けられるかを測定する〔計算結果をワーキングメモリにいったん保存し、それから次の引き算をおこなう〕。ワーキングメモリが関与するのは決して数字にとどまらず、あらゆる種類の情報に及ぶ。たとえば、私たちが用いる別の検査では、「world(世界)」という単語の綴りを逆向きに言ってもらう。ワーキングメモリは、純粋な分析問題を解くときなどには原則として長期記憶と無関係に働く。だが、逆向きの綴りを答えてもらう検査では、長期記憶が助けになることもわかる。というのは、「world」の綴りをもともと覚えていれば、ワーキングメモリへの負荷が軽減されるからだ。これらの検査ではどれも、新しい情報を少しのあいだ記憶するか、かつて記憶した情報(数字、言葉、物体、概念)を呼び起こしたうえで、操作(計算、スペリング、回転、比較)をおこなうあいだ、それらを頭に保持する必要がある。海馬依存性の記憶とは違い、操作が終われば、一時的に記憶した情報は、紙をクシャクシャに丸めてゴミ箱に投げ入れるように捨ててしまえばいい。

次は神経学だ。実行機能をつかさどる部位は前頭前皮質にある。前頭前皮質は、すでに本書でも、記憶の想起に関する説明で触れた脳領域だ。脳のなかでも特に大きな部位であり、共同で働く複数の領域からなる。前頭前皮質は、実行機能に必要なすべての情報の入力を受ける。大脳皮質の感覚野からは、外部世界に関する最新情報をリアルタイムで受け取る。ちなみに感覚野とは、顔と名前についての話題（第一章）で説明したように、視覚や聴覚などの感覚情報を受け取る領域のことだ。また、前頭前皮質は扁桃体から、現在の状況が危険かどうかを瞬時に判断した結果を受け取る。それだけでなく、必要に応じて古い情報をダウンロードすることもできる。ワーキングメモリは前頭前皮質の一部が担っている。その部位はホワイトハウスのシチュエーションルーム（作戦司令室）に似ており、新しい情報と古い情報をすみやかに分析し、意思決定をおこなったり行動計画を立てたりする。前頭前皮質は実行機能の二つ目の機能も果たす。行動計画を立てて実行許可を与え、どうすれば最もうまく筋肉を動かして行動に移せるかについて決断し、脳のあらゆる運動野に直接指示を送るのだ。

複雑な脳機能の神経学的基盤は、例によって、その機能がない状態を見ると最も理解しやすい。前頭前皮質に病変がある患者では、実行機能が損なわれている。だがX医師はたいていの人と同じで、そのような患者を見たことがないという。そこで私たちは、より身近な例として、子どもの脳と行動について考えることにした。人間が幼児期を経て小児期に入るころには、情報を前頭前皮質に送り込むのに必要な脳の後部の感覚系すべてが十分に発達している。前頭前皮質が発話や手足の協調制御などの行動を計画して実行するのに必要な運動野もすべて、すでに発達して準備が整っている。さらに、海馬依存性の記憶システムも機能している（作動し始めるのは三歳ごろからなので、私たちにはそれより幼いころの記憶がない）。まだ発達していないのは、実行機能を担う前頭前皮質の最高中枢だけだ。脳の発達において、前頭前皮質の複雑な機能が構築されるのはかなり遅く、前頭前皮質が十分に機能するようになるのは一〇代後半か二〇代前半になってからだ。子どもは大人と同じように感覚情報の記憶や知覚や処理をおこなえるが、前頭前皮質が成熟していないので、論理的思考や決断がうまくできず、衝動をなかなか抑えられない。このことを神経生物学者だけでなく、政策立案者も産業界のリーダーも知っている。だから、子どもには選挙権を与えておらず、自動車保険会社は一〇代に高い保険料を課す。X医師は、これらの話に感銘を受けたようだ。彼は、自らの記憶力について長年疑問に思っていたことが今回はっきりしたのに加え、神経科学の知識が得られたことに心から感謝してくれた。

X医師の認知面の特徴は、もう一つの認知能力を浮かび上がらせる。それは私が診ているアルツハイマー病の患者たちに直接かかわるもので、メタ記憶という能力だ。X医師は海馬依存性の記憶力が低かったが、メタ記憶の能力は高かった。つまり、自分の記憶の質について十分にわかっていた。メタ記憶はメタ認知の要素の一つで、自分の記憶力をどれほど客観的に把握できているかということだ。実は、記憶力が際立ってよい、悪い、中間のどの程度だろうと、ほとんどの人はメタ記憶の能力がかなりよい。私たちの患者の多く、なかでもアルツハイマー病の初期段階の患者は正常なメタ記憶を維持している。だから、自分の認知機能が徐々にとはいえ容赦なく低下していくことにはっきりと気づいており、それを事実として認めている。しかし、理由はまだよくわかっていないものの、そうでない人もいる。[4] そのような人は記憶を失うだけでなく、記憶障害についてのメタ記憶も失う。そして、認知機能の崩壊によるダメージを最も受けやすいのは、自分の認知機能が悪くなっていくことがわからない、これらの患者だ。

医師として特に辛い経験の一つは、裁判所に呼び出され、担当していたある患者について不利な証言をしたことだ。その患者は六八歳の男性で、認知症の悪化により二台の車を大破させていた。だが、メタ記憶の能力が低かったせいで、男性は自分の認知機能が悪化していることを認めず、運転をやめようとしなかった。男性の家族は、裁判所に訴えるしか解決の手段がないと思った。最終的に、裁判官は男性に不利な判決をくだした。運転免許の取り消しを命じ、車を取り上げることを男性の家族に認めたのだ。それは賢明な判決だったが、この件は関係する人全員にとって悲劇だった。

私にはもう、X医師がずっと前から勘づいていた問題が神経学的に見てどういうことなのかがわかっていた。認知機能に特に関与する脳のおもな部位のなかで、X医師の前頭前皮質の機能は平均を上回っており、海馬の機能は平均を下回っていた。彼のメタ記憶の能力、さらに広く見ればメタ認知の能力はよかった。ほかの検査のオーダーを出す必要はなく、私に言わせれば彼の件は結論が出ていた。

ところが、私たちが臨床心理士の認知機能検査室を出たとき、X医師は私を脇に引っ張っていき、もう少し時間を取ってもらえないかと言った。ほかに訊きたいことがあるとのことだった。その日は私の診察日ではなく、別の神経科医が診察室を使っていたので、私たちは別の建物にある私の研究室まで歩いていくことにした。途中、研究室がある一八階に向かうエレベーターを待っているあいだに私たちは同僚の医師という関係に戻り、いつも遅いエレベーターのことを嘆いたり、病院の上層部が変わるという噂について雑談したりした。研究室に着くと、X医師は自分の記憶力が悪いことに改めて関心を抱いたおもな理由をついに明かした。それは医療における意思決定についてだった。

X医師は私たちの医学大学院のカリキュラム向上を任された委員会の一員で、関連の最新文献をつねに把握していた。少し前に読んだ論文で、自分の知識に対する謙虚な姿勢（知的謙虚さ）のことが取り上げられていたという。その論文では、最終的に正しく診断して適切な治療計画を立てるためには、意思決定において知的謙虚さが重要だと指摘し、研修医への知的謙虚さの教育状況を報告していた。[5] 知的謙虚さはメタ認知の延長線上にある概念だ。知的謙虚さがある人は、自分の最初の判断が間違っているかもしれないという可能性を受け入れることができる。そのような人は、最初の決断から、より正しい別の決断へと考えを変える傾向が強い。たとえば、飛行機のパイロットや消防士、車の運転手、それにおそらく救急医療医は、すぐさま命を左右する決断をとっさにくだす必要があるが、多くの医師は通常、もっとゆっくり決断することができる。ほとんどの医師は、患者を初めて診察した段階で、最も可能性の高い診断にすばやく到達する。だが、この最初の決断をくだす一方、ほかの可能性も頭の片隅に置いておく。よくある明白な病気なら、すばやい決断でよいことが多いが、複雑な病気の診断に対しては、医師はたいてい時間をかける。患者が抱える問題をよく検討し、必要に応じて文献を調べたり同僚たちと協議したりしてから最終結論に至るのだ。もちろん、最終的な診断はその後の検査結果を参考にしてくだすが、良質な医療を実践するには、まず最も可能性の高い診断を決定することが大事だ。それによって、患者に不要な検査による苦痛や危険、費用の負担をなるべく負わせずにすむ。まずは何が最も可能性の高い病因かを判断するうえで、記憶が重要なのは疑いない。だが、記憶に基づく最初の直観が間違っている場合もあるので、最終的には知的謙虚さのほうが重要だ。知的謙虚さがあれば、医師は考えを変えて正しい医学的結論に達する可能性が高まる。このプロセスは、「真実の追求」ではなく「真実の追跡」と呼ばれる。ほとんどの人は真実を追求するが、ある程度の知的謙虚さを持つ人だけが、一歩一歩、真実を追跡する。

医学生に知的謙虚さを教える方法はいろいろある。たとえば、医療における意思決定バイアス（性別や民族に関するバイアスは代表的な例だ）への意識を高める、考えを変える利点を知ってもらう、うぬぼれや偏見や傲慢さを持たないように教え込むなどだ。実際、これらの方法は医学教育に取り入れられている。だがX医師は、どのような素質の人が知的謙虚さを持つようになるのかを知りたがった。彼は優れた診断医として広く認められている。それについて当人は、知的謙虚さが高いことによるものだという意見を謙虚に述べた。彼の推測によれば、記憶力が悪いことと、それを自覚していることのおかげかもしれないというのだ。

彼は、医学大学院時代によく経験した出来事をくわしく話してくれた。ソクラテス式の問答法でおこなわれる臨床研修のことだ。研修医たちが「指導医」、つまり診療科長に率いられ、入院したばかりの患者たちのベッドサイドに連れていかれる。その後、研修医たちは教室か病棟の廊下の片隅に集まり、それぞれの症例を検討する。指導医はまさに教師然として、研修医たちが最初にくだした診断を尋ねる。多くの場合、記憶力が際立って優れた研修医が一人はいるもので、必ずそのような研修医が、複数の可能性のなかから病気を絞り込む鑑別診断の進め方や、最初に考慮すべき病気と、そうすべき理由を挙げて周囲を圧倒する。X医師は、このタイプの研修医の頭をこう表現する。「一枚一枚に一つの病名とその詳細が書かれた大量のカードを入念に調べ、最終的に症例と合うものを見つけ出す機械」。X医師は妬みではないうらやましさを少し感じながら、自分の頭ではそうはいかないと気づいた。実際、そのような経験は一度もなかった。彼は、可能性のある診断を出すことはできたが、一目瞭然の症例でもない限り、きわめて可能性が高いと思われる診断についてもずっと確信を持てなかった。

この研修では、一人の研修医が一人の患者の担当となり、指導医の監督の下で適切な診断検査のオーダーを出す。数日後、研修医たちはふたたび集まって正しい最終診断を決定する。だがまず、教育効果を最大にするため、指導医が、担当外の研修医たちにもそれぞれの結論を尋ねる。最初の判断を信用しないことにしていたX医師は、自分の担当患者を管理する合間に、最終診断を決定するまでの数日を利用して、担当外の症例についてもゆっくり考えた。そして、そのような医学大学院での臨床研修期間中に、自分は記憶力のよい研修医たちに比べて、複雑で難易度の高い症例では特に、正しい最終診断をくだす確率が高いようだと気づいた。記憶力のよい研修医たちは、最初の考えをあまり変えなかった。こうして、X医師は非凡な診断医だという評判を築いていった。診断が誰よりも早い医師ということではなく、最終的に最も正しい診断をくだす医師ということだ。彼は、時間をかけて論理的に判断するこのやり方を内科での研修期間や感染症領域での博士研究員《ポスドク》時代はもとより、キャリアを通じて実践してきた。

己をよく知る思慮深いX医師は、「物語バイアス」と呼ばれる認知バイアスを深く理解していた。物語バイアスとは、人生の出来事にあとで一連の原因を結びつけ、事実でないストーリーや簡略化しすぎたストーリーをこしらえて都合よく解釈したいという欲求のことだ。彼は、記憶力の悪さが判断の質を向上させたという、自分の作り出した物語が気休めになったことを認識していたし、そのようなストーリーは「物語の誤謬《ごびゅう》」〔あとづけで物語を構築してしまうこと〕の典型的な例かもしれないということも承知していた。というわけで、X医師が私に投げかけた質問は単純なものだった。彼は今や、自分の記憶力が悪いのは海馬の機能が悪いことの表れなのだとわかっていた。それで、記憶力の悪さが何らかの形で判断の質の向上につながるという自分の仮説を裏づける客観的な証拠はあるのかと問いかけたのだ。意思決定の研究は脳科学で特に注目される分野になっていたので、私は関連する文献をかなり知っていた。だが、彼の質問に即答できないと正直に話し、この問題について検討してからまた連絡すると約束した。

ダニエル・カーネマン博士は、意思決定に関する研究分野の創始者と広く見なされている。意思決定について研究する分野は、彼と、近しい共同研究者のエイモス・トヴェルスキーが科学誌『サイエンス』に影響力の大きい論文「不確実な状況下での判断――ヒューリスティックとバイアス」(6)を発表した一九七四年に誕生した。確立された専門分野として突然生まれたかのようだった。その後、この分野は大部分が経済学に取り込まれ、行動経済学において研究が進められてきた。意思決定の研究は経済的意思決定において非常に役立つことが示されており、神経経済学と呼ばれることもある。実際、そのような研究はきわめて有益なので、カーネマンは二〇〇二年、「特に不確実な状況下での人間の判断や意思決定に関して、心理学研究からの洞察を経済学に統合した」功績によりノーベル経済学賞を受賞した。また、意思決定の重要性がほかのさまざまな分野に広がったことを受け、二〇一三年には当時のバラク・オバマ大統領から大統領自由勲章を

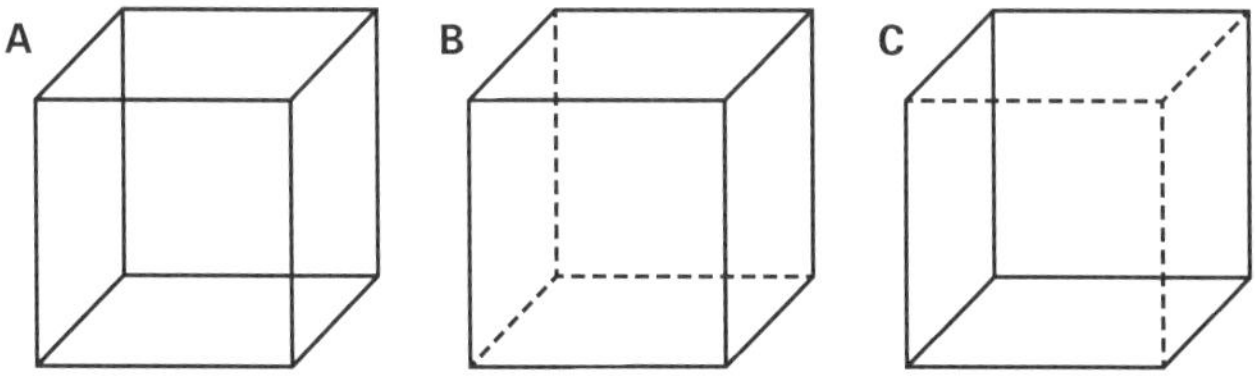

ネッカーの立方体。Aは平面の図形にすぎないが、BやCのような立体に見える。

授与された。

カーネマンとトヴェルスキーが一九七四年に発表した不朽の論文は、革新的な科学的知見に加えて文体の明晰さでも有名だ。二人は「ヒューリスティック」や「バイアス」という概念を認知機能に当てはめ、これらの概念が意味するものを、やはり脳の機能である視覚の例との類似性から説明した。錯視を経験したことは誰でもあるだろう。たとえば、外向きの矢印ではさまれた線は、矢印がない同じ長さの線より長く見えてしまう。ほかには、ネッカーの立方体がある。二つの正方形を一部が重なるように描き、それぞれの四つの角を平行線で結んだものだ。これを見ると、私たちの頭には錯視が生じる。二次元の図形が三次元の立方体に見えるのだ。どの心理トリックとも同じく、錯視は楽しいこともある。有名なところでは、画家のM・C・エッシャーが錯視を利用して、おもしろいだまし絵を描いた。だが、実物とは違うように見える錯視は、危険なバイアスをもたらすこともある。

カーネマンとトヴェルスキーの論文では、別のよく知られた錯視の話題が冒頭で提示される。それは画家がしばしば利用する錯視で、物体の鮮明さが距離の知覚に影響を及ぼすというものだ。要するに、物体がぼやけているほど遠くにあるように見える。大脳皮質の一次視覚野は物体の長さ、体積、そこまでの距離をささっと判断する任務を負っており、経験則に基づく楽な計算処理によって、すばやい判断をくだす。それがヒューリスティックだ。一次視覚野における計算処理は、進化によってヒューリスティックを採用するようになった。なにしろ、たとえば、ぼやけた物体は本当に遠くにある可能性がきわめて高いからだ。ただし、遠くにある可能性がきわめて高いとはいえ、必ずそうとは限らない。ヒューリスティックが視覚野に組み込まれたことで判断のスピードは上がったが、代償として、私たちはヒューリスティックにだまされる可能性が生じた。たとえば、霧が立ち込めた状況で車を運転するのは危ない。なぜなら、視覚的ヒューリスティックのせいで、実際よりも車間距離があると思ってしまうおそれがあるからだ。

視覚的ヒューリスティックが視覚処理を迅速化するように、カーネマンとトヴェルスキーは認知的ヒューリスティックというものがあるはずだという仮説を立てた。認知的ヒューリスティックとは、脳の実行機能を必要とする意思決定を迫られたときに思考を迅速化する心理的な近道のことだ。そのような意思決定の例を挙げれば、被告人が有罪かどうかを陪審員が判断することや、株式仲買人が何に投資するかを判断することなどで、医師が正しい医学的診断をくだすことも、その一つと言える。カーネマンたちは次に、決断をくだそうとしているときの頭で働く認知的ヒューリスティックのいくつかを検討した。そして、視覚的ヒューリスティックによるバイアスのせいで、物体の見間違いや目の錯覚が起こるのと同じように、認知的ヒューリスティックのせいで、私たちは筋の通らないことを考えたり、間違った決断をしたり、認知の錯覚すら経験したりする可能性があることを示した。

視覚的ヒューリスティックは視覚野の計算処理に基づいているが、認知的ヒューリスティックは記憶に基づいている。例を挙げて説明しよう。5×6の答えは？　あなたの頭は、30が正しい答えだと即座に判断する。ただし、それは前頭前皮質のワーキングメモリが、5に5を足し、10に5を足し、15に5を足し、20に5を足し、25に5を足すという長ったらしい連続足し算を実際におこなったからではない。あなたは小学生のときに海馬の働きで九九を暗記した。だから、大人になったあなたの前頭前皮質は今や、記憶してある九九の表を大脳皮質の記憶貯蔵部位から引っ張り出すだけでいい。暗記した九九をすぐに思い出して答えを出せるのは認知的ヒューリスティックの一例だ。私たちの頭は進化によって意思決定のスピードを上げる認知的ヒューリスティックを利用できるようになった。しかし、この研究分野で得られた特に興味深い知見として、すばやい思考が不要なとき、言い換えれば、いくら時間をかけてもよく、実際には認知的ヒューリスティックに頼る必要がないときでも、頭は認知的ヒューリスティックを利用したがるというものがある。認知的ヒューリスティックを優先するのは、単に認知機能が仕事をしたがらないからだ。私たちはどうしても必要なときだけ、しぶしぶワーキングメモリを使う。では、15×16の答えは？　このように簡単な近道がなくて本当に頭を使う作業が必要な質問を出すと、読者のみなさんがうんざりしてため息をつくのが実際に聞こえてきそうだ。

頭が認知的ヒューリスティックを優先する傾向は強いので、私たちはバイアスを受け、間違った結論に至ることがある。では、次の質問に答えてほしい。カーネマンたちが考案し、のちに論文で発表したものだ。「バットとボールの値段が、合計で一ドル一〇セントします。バットがボールより一ドル高い場合、ボールはいくらでしょう?」。もしあなたが「一〇セント」と答えたら、それは大多数の人と同じで、その答えがまず頭に浮かび、そう答えるだけの自信があったからだ。しかし、思考のスピードを落としてワーキングメモリを使う作業を多少すれば、この答えは間違いで、認知的錯覚によるものだということに気づくだろう。もしボールが一〇セントなら、バットは一ドル一〇セントで、合計は一ドル二〇セントになってしまう。ワーキングメモリを使えば、ゆっくりとだが確実に「五セント」が正しい答えだと気づける。だが、あなたはそう答えなかった。間違った答えを言うまでに、あなたの頭のなかで何が起きたのか? それが最も興味深い部分だ。多くの人が、答える前に、程度はさまざまだとしても「一〇セント」という答えは何だかおかしいという感じを抱いている。では、15×16という問題に対しては、あなたの頭は推測しようともせずワーキングメモリが必要だとすぐに気づいたのに、なぜバットとボールの問題では、当てずっぽうのまま突き進んで一〇セントと答えることにしたのか? 15×16は、ほとんどの人にとって計算の問題であり、複数の記憶の関連づけ(記憶の連合)とはまったく関係ない。それに対して「バットとボール」の問題は、身近な物体、身近な通貨単位、身近な切りのいい数字、身近な買い物といった要素を入れることによって、記憶が作動するよう意図的に作られていた。問題に注入されていたこれらの要素はみな、すべりやすい油のようなものなので、ほとんどの人が認知的ヒューリスティックに引っかかって足をすべらせ、「一〇セント」と答えるように仕向けられる。

認知的ヒューリスティックによるバイアスは、数学が絡む意思決定に限られているわけではない。では、次の問題を考えてみよう。ニューヨーク州とペンシルヴェニア州の州都で、高いビルがあるのはどちらでしょう？　ほとんどの人が、早とちりして「ニューヨーク州」と間違った答えを言うかもしれない。ゆっくりと考えれば、ニューヨーク州の州都はオールバニで、ペンシルヴェニア州の州都フィラデルフィアより高いビルが少ないと思い出せるだろうが、前頭前皮質はにぎやかで派手なニューヨーク市という情報を記憶貯蔵庫から手早く取り出す。意思決定の研究分野では、この手の問題が山ほど考案されてきた。それらはまとめて「モーゼの錯覚課題」と呼ばれる。というのは、ヒューリスティックが意思決定に及ぼす影響がよくわかる例として、次の問題が最もよく用いられるからだ。「モーゼは動物をそれぞれの種類につき何匹ずつ方舟《はこぶね》に乗せたでしょう？」。ほとんどの人が、すかさず「二匹」と答えるだろう。しかし、落ち着いてゆっくり考えれば、多くの人が初めの答えを捨てて、正しくは「ゼロ匹」だと気づける。木の方舟に動物のペアを乗せたのは、モーゼではなくノアだ。『旧約聖書』を知らずに育ち、聖書の物語に関する記憶がない人は、こうした記憶の近道にだまされないだろう。彼らが正しい答えにたどり着くには、百科事典やグーグル検索を利用するなど、ゆっくりした思考に頼らなくてはならない。

どんなタイプの意思決定でも、カメの頭が、俊足で自信過剰なウサギの頭に打ち勝つことが多いように思える。

意思決定の研究分野では、重大なものであれそうでないものであれ、私たちの意思決定が合理的になされるとは限らないのはなぜかという疑問に対して、ある説が長年支持されていた。それは、感情が意思決定にバイアスをかける可能性があるからという説明だ。裏返せば、もし私たちが認知機能を使う課題に感情を交えず冷静に取り組んだら、合理的な意思決定ができるだろうと考えられていたのだ。しかし、この説明は、カーネマンとトヴェルスキーの一九七四年の論文をきっかけに覆された。その論文は、思考にヒューリスティックが組み込まれていると示した点で実に革新的だった。ほかの例を挙げれば、目の錯覚も、視覚野が脳の別の部分から不当な影響を受けるせいで起きるのではなく、視覚野の視覚情報処理法そのものから生じる。それと同じく、認知的錯覚は、頭が記憶をもとに情報を処理すること、つまり頭の情報処理法そのものに埋め込まれているのであって、感情の影響によって起こるのではない。誰でも、根はきわめて理性的なのに、とんでもなく非合理的な決断をするように見える友人がいるだろう。認知的な罠にはまったらどうなるかは、自分より他者のほうが観察しやすい。とはいえ、このような罠は、バナナの皮のように、すべってても無害でこっけいなものか、ブービートラップのように危険なものかは別として、私たちみなに備わっている。指紋や網膜のパターンのように一人一人違うわけではない。認知的ヒューリスティックや、それがもたらすバイアスは、すべての人の心理的構造にあまねく内在している。

　ということでカーネマンは、Ｘ医師が発した、海馬の機能の低さが意思決定でどれほど役割を果たしうるのかという疑問の答えを仰ぐ相手として最高の人物だった。私の同僚にカーネマンを直接知っている人物がおり、引き合わせてくれることになった。そしてうれしいことに、カーネマンは私の正式な面会の申し入れに応じてくれ、ニューヨーク市のグリニッジ・ヴィレッジにある自宅に招待してくれた。

　マンションの最上階にある彼の住宅からは、ニューヨーク大学を見渡せた。窓から外を眺めたときに昔の記憶がよみがえってきた。私はニューヨーク大学心理学科の学生だったときに、最初の論文を発表した。テーマは、私たちが見るものに感情の状態がどのようなバイアスをかけるかだ。当時の私は、もちろんカーネマンの先駆的な研究を知っていた。それから数十年が過ぎた今、バイアスについて当の専門家と話し合うため、ここにいる。そう思ったとき、現在と過去が不意につながるようなすばらしい感覚を味わった。カーネマンは、ぜひ自分をダニーと呼んでほしいと言った。そして、床から天井まで本が並ぶリビングルームに私を丁重に招き入れ、大きな幾何学模様のソファーに座るように促してから、彼自身は向かいのソファーに腰を下ろした。カーネマンの時間が限られているのは明らかだったので、私は気が急いたか、少し緊張していたのかもしれない。さっそく本題に入って、訪問の理由をくわしく話し始めた。ようやく一息ついたとき、自分が矢継ぎ早に繰り出した言葉のエコーが頭のなかで響いた。そんなメタ認知的な瞬間を味わったあと、しゃべりすぎたのではないかという心配を口に出した。すると、ダニーは穏やかに温かい笑みを浮かべながら言った。「それで、あなたは話し合うために来られたのですよね？」。こうして、ダニーと私は初めての対話を始めた。その後も私たちは、ダニーの家か彼がひいきにする近所のレストランで、意思決定、記憶の影響、人が意見を変える要因について何度も話をしてきた。

そのなかで気づいたことがある。ダニーは最初に私をリラックスさせてくれた。彼のような人気の教授なら、私のように気持ちのはやった学生に穏やかに対応する術を会得しているだろう。だが、ダニーは単に物腰が柔らかいだけでなく、議論で意見が一致しないときでも、ずっと相手を気遣い安心感を与えてくれた。それで私は思った。八〇代のダニーには、長らく心の罠を研究してきたからこそ身についた聖職者のような雰囲気がある、と。

ここで思考実験につき合ってほしい。この実験には、意思決定に関与する脳の部位がすべて出てくる。では、あなたは対テロ特殊部隊SWATチームの一員だとしよう。ある日の午後遅く、あなたの部隊は地元の大学に出動する。武装した白人至上主義者たちが学生を人質にして図書館に立てこもっているのだ。SWATの黒いトラックがサイレンを鳴り響かせながら現場に向かって疾走しているとき、あなたの扁桃体は海馬を刺激し、すみやかに活性化させる。トラックの後部で、あなたはチームのメンバーたちと図書館内の設備の配置、出入り口、人質の推定人数などの関連情報を頭に叩き込む。最も重要なテロ容疑者の情報も入ってきた。容疑者は三人で、そのうち二人については写真もある。現場に到着すると、あなたのチームは図書館のすぐ外に集結し、装備を再確認してから、正面のドアの左右に音一つ立てることなくしゃがみ込む。その後、容疑者との交渉が行き詰まり、人質に危険が差し迫っていると見なされたことから、隊長が合図する。チームはドアを破り、音響閃光弾《スタングレネード》を投げ込んで突入する。あなたは数秒以内に館内を見渡して容疑者を特定し、撃つか撃たないか、誰を撃つか、どのように撃つかを決断する必要がある。白人至上主義者と人質を見分け、人質に危害を加えずに白人至上主義者を武装解除させる最も安全な方法を見つけなければならない。このとき血液中にはコルチゾールやアドレナリンが急増しているが、その原因である扁桃体の過剰な活動を抑制するのはさほど難しくない。何年も訓練と経験を積めばできるようになる。難しいのは意思決定だ。そしてもちろん、最も難しいのは、間違った判断をくだし、誤って人質を死なせてしまった場合に自責の念と向き合うことだ。たとえ、定められた手順で任務を遂行し、あなたに非がないことが正式な調査で証明されたとしても、あなたは自分を咎めるだろう。

テロリストの一人は写真のとおりだった。その人物があなたのチームにライフルを向けたまま下ろそうとしなかったとき、あなたは発砲を決断した。図書館内部のドアのそばに、二人目のテロリストと思われる男が立っている。だが写真とは違い、顔の下半分は髭に覆われている。確信が持てなくて躊躇するが、あなたは柔軟な頭で、その男が写真の人物であることと、そのドアが図書館の出口の一つであることに気づく。男は、そこで見張りをしているのだ。あなたの頭は両方の事実をすばやく計算処理し、二人目のテロリストを特定したと確信する。あなたは武器を下ろせと警告したが、男が聞かなかったため撃った。さて、テロリストは三人いるという情報だったが、最後の一人はどの人物か？　今度は確かな情報がほとんどないなかで、あなたの頭は当て推量をする。犯人は女ではなく男の可能性が高く、きっと有色人種ではなく白人だろう、と。あなたは、白人至上主義者がスキンヘッドにしていることが多く、黒レザーの服を着る傾向があることも知っている。あなたの頭は、一人一人を見ながら犯人である確率をすばやく割り当てていく。そして、図書館の奥にいた、ある人物を三人目のテロリストに違いないと判断してマークする。今しもその男は、レザージャケットの内側に手を入れ、ピストルとおぼしきものを握ろうとしている。あなたは撃つ。だが、あなたの判断は間違っていた。あなたは誤って無実の大学生を殺してしまった。

発砲の判断は三回とも、あなたの前頭前皮質にある実行機能によって処理された。確信の度合いが一定の基準を超えたとき、前頭前皮質で決断の実行許可が出されたのだ。もっとも、一番目の決断では、前頭前皮質はほとんど働く必要がなかった。なぜなら、テロリストの写真についての記憶が鮮明だったからだ。二番目の決断では、確実性の低い二つの観察結果を評価するため、より慎重に考える必要があった。これは、前頭前皮質の働きがより必要だったということだ。あなたは写真から、ドアのそばにいる男がテロリストの一人に見えたが、髭のせいで確信がなかった。それでも、頭のなかで図書館の地図を回転させることができたので、あなたの前頭前皮質は、この男がおそらく見張りだろうという結論を導き出した。この観察結果は、単独では確信の度合いが低く、銃の引き金を引くのに必要な基準に達していなかったかもしれないが、二つの情報が合わさると基準を上回った。

では、どうしてあなたの前頭前皮質は判断を誤り、悲惨にも大学生を三人目のテロリストだと誤認したのだろう？　おもな要因は、「記憶の関連づけ（連合）による選好」と呼ばれる一種の認知的ヒューリスティックだった。三人目のテロリストの写真がなかったため、あなたにはその人物に関する実際の記憶がなかった。それでも、長年のうちにあなたの頭では、白人至上主義者の外見に関する記憶が連合してネットワークを形成している。確かな知識がないなかで決断を迫られたとき、前頭前皮質は、この連合ネットワークを頼ったことによってバイアスを受けたのだ。この認知的ヒューリスティックは、広告で利用されることがよくある。どの商品を買うかを決めるとき、私たちは意識下で、商品のそばにあるものの影響を受けるのだ。あなたが画像編集ソフトにくわしければ、同じ車の写真を二枚ダウンロードしてから、一方にラブラドール・レトリバーの画像を重ねて一枚の写真に加工してほしい。両方の写真を友人に見せて、どちらの車が好みか瞬時に判断してほしいと頼んでみよう。友人が愛犬家だったら、人懐っこくて愛らしいラブラドール・レトリバーについて以前に形成された記憶ネットワークのバイアスを受け、ほとんどの人が、イヌが一緒に写っているほうを選ぶ。

あなたは、海馬の助けで形成される種類の意識的な記憶が、心理学で「顕在記憶」と呼ばれるということ（第一章）を覚えているかもしれない。そう呼ばれるのは、私たちが顕在記憶の連合ネットワークに意識的に気づくことがよくあるからだ。たとえば、幼なじみを思い出してほしいと言われたとする。この場合、あなたはその人の名前や人柄、初めて会った時や場所をはっきりと意識的に思い出せるだろう。一方、連合による選好は潜在記憶の例である。というのは、たとえば前述の例で言えば、車とイヌの記憶の連合は無意識のうちに形成されるからだ。広告では、潜在記憶は潜在意識に働きかけるという特性が利用される。それは、消費者はその連合に気づいていないので、バイアスのかかった選択を覆すことが少ないからだ。

潜在記憶は、ほかのやり方でも決断に影響を及ぼす。それがわかる有名な例を挙げよう。私から次のような問題を出されたと想像してほしい。『SO□P』という虫食いの単語を見て最初に思い浮かんだ言葉を言ってください」。このとき、私が食べ物に関連することを事前にさりげなく持ち出していたら、あなたが「SOUP（スープ）」と答える可能性は高くなる。私が食べ物のことをほのめかしたという記憶は、あなたの頭にそれとなく植えつけられただけで意識の外にあるにもかかわらず。一方、私が衛生に関連することを記憶に植えつけていたら、あなたの前頭前皮質はスープより「SOAP（石けん）」を思いつく可能性が高い。この例では、「記憶のプライミング」効果に気づきやすいかもしれないが、先ほどの「バットとボール」の例ではどうだろうか。あの質問は、身近なものを用いて潜在記憶に働きかけて、あなたが答えを間違えることを狙った。

心理学で顕在記憶と潜在記憶を二つに分けたことは、従来の記憶の神経学的概念とも一致していた。神経学では、これまでの章で見たように、顕在記憶は海馬に依存して形成される記憶として定義されるようになった。一方、潜在記憶の定義には、海馬およびその機能とはまったく独立して生じる記憶が含まれるようになった。この見方によれば、あなたがSWATチームのメンバーとしてくだした三つの決断のうち、最初の二つの正しい決断は海馬依存性の顕在記憶に基づいていたので、前頭前皮質は比較的容易に判断をくだせた。だが、ダニーが一九七四年に発表した重要な論文のタイトルのような、「不確実な状況下の判断」のほうが、意思決定の研究分野でより興味を持たれる。なぜなら、ヒューリスティックによって私たちが判断を誤り、おもに海馬非依存性の潜在記憶で「足をすべらせる」可能性が高いのは不確実な状況下だからだ。ともかく、潜在記憶と意思決定については少なくとも今述べたことが一般的な考え方だったが、これが二〇一二年に覆された[7]。ある研究が従来の考え方を否定し、意思決定の研究分野に衝撃を与えたのだ。

その研究は、ダニーが認知的ヒューリスティックの心理学的考察を初めて発表したのと同じ、権威ある『サイエンス』誌に発表された。fMRI（機能的磁気共鳴画像法）を用いて、ヒューリスティックの一種である連合による選好にかかわる解剖学的領域をマッピングしたのだ。それによって、海馬が記憶の連合に関与するにとどまらず、潜在記憶の連合の形成を駆動することも見出された。実験参加者のうち、海馬の活性が高い人のほうが、このヒューリスティックのバイアスを受ける可能性が高かった。逆に、海馬の活性が低い人は、早まった決断をすることが少なかった。この知見は後続の研究によって裏づけられ、この分野における認識は大きく変わってきた。顕在記憶にも潜在記憶にも海馬が関与しているのは明らかだ。今では、海馬の機能が、前頭前皮質の判断を効率化する認知的ヒューリスティックのかなりの部位を担っていることがわかっている。[8] これが役に立つことも多い。たとえば、車を購入するとき、自分がふだん運転する地域や気象条件を意識的に思い出せば参考になる。しかし、海馬が意識下で認知的な罠を生み出してバイアスをかけ、間違った決断を導くこともある。たとえば、広告で見たかわいいイヌと車を無意識のうちに関連づけて、車を買ってしまうかもしれないのだ。

ダニーは、二〇一二年に発表された研究が、X医師のように海馬の機能が低い人は認知的な罠に引っかかりにくい可能性を意味するのは確かだと述べた。研究論文の著者たちも、だいたい同じ解釈だった。それを踏まえて私はダニーに、海馬の特徴がX医師に似ていて記憶力に自信がない人は、間違った決断から正しい決断へと考えを変える傾向も一般的に高いと思うかどうかを尋ねた。SWATチームの例を思い出してもらえば、あなたは海馬の機能のおかげで三回のうち二回は正しい判断をくだしたが、三回目は海馬のせいで誤った判断をくだして悲惨な結果を招いてしまった。

ダニーは、意思決定の鍵を握るのは確信だという点に同意した。これに関して、意思決定の研究分野では「認知的熟慮性」という用語が使われる。認知的熟慮性とは、自分の決断をよく検討し、行動する前にどれほど確信があるかを見極めるプロセスだ。ダニーは、このようなメタ認知に含まれる思考プロセスはまだ十分に解明されておらず、活発に研究されているテーマだと認めつつも、考える時間があるかどうかは必ずしも重要な問題ではないとも話した。たとえ直観で何かを決断したとしても、躊躇したり、決断を振り返ったり、臨機応変に変更したりする人もいる。認知的熟慮性は、分析的な思考や数学の得意な人のほうが「バットとボール」問題の正答率が高い理由を説明するために用いられてきた。その考え方は以前からずっと、自分の決断を振り返ることは高度な機能を持つ前頭前皮質を基盤としており、海馬からの有益な影響もバイアスのかかった影響もまったく受けないというものだ。数学が得意な人の頭は計算機のように働く。彼らにとって、「15×16＝245」が間違いだと判断するのは「5×6＝40」が間違いだと判断するのと同じくらいたやすく、記憶に基づいた認知的ヒューリスティックに頼る必要はない。「バットとボール」の質問がどれほど巧妙に作られていて、潜在記憶で足をすべらせやすいようになっていても、彼らの分析的な頭の内部には警報器があり、「一〇セント」という答えは間違っている可能性があると知らせてくれることが多い。認知的ヒューリスティックは私たちをだまして最初の判断が正しいと勘違いさせることがあるが、優れた前頭前皮質は何かがおかしいと感知し、最初の判断に決めようという衝動を覆す可能性が高いだろう。X医師の認知面の特徴を検討した結果、ダニーには、X医師の柔軟な頭は、思考が速かろうと遅かろうと、働きの優れた前頭前皮質との関係が強く、働きの悪い海馬とはあまり関係していないという見方が妥当に思えたようだ。

しかし、X医師はそこに居合わせなかったものの、私はなぜか、海馬の機能が正常以下だから意思決定の質が向上したという医師の仮説を支持しなくてはと感じた。「バットとボール」タイプの質問は数学的能力に大きく左右されるので、偏りがありすぎるのではないかと思った。意思決定の研究で用いられる設問のなかでは、モーゼの錯覚のたぐいのほうが、X医師が医療の場でくだす意思決定に近いように思える。医療における意思決定は数学的能力より記憶に依存するからだ。私は、モーゼの錯覚を扱った論文で、文字を読むことが困難なディスクレシア（読字障害）の人を実験参加者から除外している研究が多くあることに気づいた。これはおそらく、読字障害を伴う人は自分の読解力を信用しない傾向があり、最初に読んだものをすぐに信じることがあまりないからだろう。言い換えれば、「読むことに対する謙虚さ」が高い人は、文章を読み直すことが多いかもしれないということだ。その場合、彼らは認知的ヒューリスティックに最初は引っかかったとしても、考え直す可能性が高いだろう。その点を主張するため、私はダニーが一九七四年に発表した最初の論文を改めて調べた。その論文は、物体がぼやけているほど遠くにあるように見えるという錯視の話題から始まる。もし私が眼鏡をかけず、すべてがぼやけて見える状態で錯視を引き起こす画像を見たとすると、視覚野が引き起こすヒューリスティックをあまり信用しないだろうから、罠にあまり引っかからないかもしれない。私は「視覚に対する謙虚さ」が高いだろうから、ぼんやりと見える物体のほうが遠くにあると結論づける可能性は低いだろう。

というわけで、海馬の機能に自信がある記憶力のよい人に比べると、X医師のように海馬の機能に疑いを抱いている人のほうが、自分の最初の決断についてじっくり考え、「知的謙虚さ」が高く、真実を慎重に追求する傾向が強いというのは、私にはもっともだと思えた。

ダニーはこの見方をおもしろいと思ったようだが、意思決定に関する研究のほとんどは、分析的思考をおこなう前頭前皮質の機能が高いほど優れた決断につながることを示していると指摘した。一般的には、自分の意思決定について熟考することに最も役立つのは分析的思考を担う脳の執行部門の力だと解釈されている。だが私は、あの画期的な論文が二〇一二年に『サイエンス』誌に発表されるまで、ほとんどの研究は海馬に目を向けておらず、記憶力の良し悪しがこの熟慮プロセスに影響するかどうかを見ていないと指摘した。[9] 不確実な状況下での意思決定において重要なのは海馬非依存性の潜在記憶であり、当然だが私たちは自分の潜在記憶に気づいていない。だから以前には、海馬は自分の決断を振り返ることとは関係がないと見なされていた。しかし今では、海馬が顕在記憶の形成にも潜在記憶の形成にも関与しており、海馬の機能が高いほど認知的ヒューリスティックに引っかかりやすいことがわかった。したがって、次世代の研究には海馬の機能を評価する方法を取り入れることが重要になっている。今後の研究で前頭前皮質と海馬の両方の機能を測定して初めて、X医師が提起した、海馬の機能が弱い人は意思決定が上手なのかという刺激的な疑問に答えが出るだろう。ダニーは、意思決定の研究分野はまさしく、自分の意思決定をどの程度振り返るかについて調べる方向に進んでいると繰り返した。

おそらく、優秀な前頭前皮質と劣った海馬がもたらすX医師の独特な認知的特徴は、医療における意思決定という目的に完璧に適合していたのだろう。多くの研究で前頭前皮質の機能の高さと優れた意思決定の関連が示唆されていることから、ダニーは、意思決定で重要なのはX医師の優れた前頭前皮質だと考えていた。しかし、意思決定における海馬の機能を評価した研究が少ないからといって、海馬が何の役割も果たしていないと結論づけられるわけではない。

ダニーと私は最後に、知的謙虚の概念についてより幅広く語り合った。ダニーは、ある認知的特徴、なかでも機能が相対的に劣っているという特徴によって、明らかに真実の追求や真実の追跡の妨げになる知的過信（自信過剰）や傲慢が抑えられるという点に同意した。それでも、考えを変えがちな人を「謙虚さ」がある人と言い表すのはいかがなものかと文句を言った。しかるべき理由があって考えを変えるのは実にわくわくすると彼は主張し〔カーネマンによれば、それは自分が何かを学んでいること意味するからだという〕、私も同感だった。もっともな理由に基づいて考えを変えるのは楽しいことであって、それにすばらしそうな「謙虚さ」という言葉を当てはめるのは褒めすぎではないかという点で、二人の意見は一致した。そして私たちは、立派そうに聞こえてしまう「謙虚さ」より「疑い」という言葉のほうがふさわしいだろうと考えた。疑い深い頭が正確ですばやい意思決定に役立つかどうかはともかく、疑ってかかる頭が最終的な真実への到達に役立つのは間違いない。

この時点で私はかなり気が楽になっていたので、ちょっとしたいたずら心から、私たちは二人ともそれぞれの専門知識によるバイアスを受けているかもしれないと指摘した。ダニーや彼が若いころに親しかった同僚たちのバックグラウンドは数学なので、彼は前頭前皮質やその分析能力を意思決定で重視する傾向があるのではないかと思った。一方、記憶について研究してきた私は、記憶をつかさどる「海馬中心」の考え方に染まっており、海馬が重要な役割を果たしていると見なす傾向があった。しかし、ダニーはいかにも彼らしく落ち着き払っており、私の挑発には乗らなかった。

約束したとおり、私は真実追求の旅を終えるにあたってX医師に連絡を取り、コーヒーを飲みながら、ダニーとの話し合いの結果を説明した。X医師の意思決定の質の向上に重要な役割を果たしているのは高度に機能している前頭前皮質だというダニーの所感を伝え、その結論に次のような但し書きをつけた。海馬の機能が悪いことが意思決定の向上につながるとするX医師の仮説の真偽は、適切に計画された研究がないので実証されていない、だからX医師の問い——単純で簡単に説明がつくだろうと彼には思えたかもしれない——は目下、この研究分野における最先端の課題だということがわかっただけでよしとしたほうがいいだろう、と。

ダニーも私も「知的謙虚さ」という言葉は見当違いかもしれず、「知性に対する疑い」のほうが適切かもしれないと思っていると述べたとき、X医師は同意せず、利他的行為をめぐって同じような論争が起きていると話した。慈善活動は喜びをもたらすことがあるので、必ずしも高潔な行為ではないという主張があるのだ。X医師は、無私の行為が何を二次的にもたらすにせよ、重要なのは行為自体であり、その行為が高潔なのだという見方をした。そして彼は、知的謙虚さについてもそう思っていた。私には反対のしようはなかった。

第七章　みんなの心

ある日の午後、私は自分たちの医療センターの待合室に出ていき、ジョーンという女性に自己紹介した。ジョーンはオハイオ州に住む八四歳の元教師で、娘が予約しておいた認知症検査を受けに来院していた。ジョーンは書類ファイルが積み上げられた椅子の隣に一人で落ち着いて座っており、柔らかいしっかりした声で自分の名前を言った。

私は最初、もしかしてジョーンが一人でやって来たのではないかと心配した。アルツハイマー病や関連疾患の専門家として、私たちはセカンドオピニオンやサードオピニオンを求める患者を診察することが多い。そのため病院のスタッフは、患者が認知症かもしれないという前提で対応し、患者の来院時には家族か親しい友人に付き添いをお願いする。病変がすでに海馬から大脳皮質の記憶貯蔵庫に広がっている患者の場合、発病前の認知機能や初期の認知症状、自立した生活を送る能力など、本人が忘れてしまった過去の情報を付き添いの人に補ってもらうこともよくある。また、マンハッタン北部の外れにあるコロンビア大学医療センターに来るためや、さらには迷路のように複雑ないくつもの建物を通って私たちの診察室のあるニューヨーク神経学研究所にたどり着くのにも、援助が必要な場合がある。診察予約日の前日には、病院のスタッフが患者と付き添いの人に電話をかけ、病院への交通ルートを確認したうえで、関連の診療記録をすべて持参してほしいと改めて伝える。

私がジョーンに、一人で来たのかどうかを丁寧に尋ねると、娘のバーバラが一緒だと彼女は答えた。そう話しながら受付のほうを指差し、病院のスタッフと活発に話を交わしているのがバーバラだと教えてくれた。この病院の駐車システムの改善方法について話し合っていたらしい。あとでスタッフから、バーバラが先手を打って診察予約日の二日前に電話してきたと聞いた。どうやら診察日について私たちに念を押すためだったようで、病院側から交通ルートについて助言する必要はなかった。バーバラは、コロンビア大学記憶障害センターの建物配置図やニューヨーク神経学研究所の構内図をすでに印刷していたのだ。

バーバラはマンハッタンの金融会社でアナリストをしており、物事をまとめる能力がずば抜けていることがわかった。患者の病歴を完璧に記録することができただけでなく、理想的な娘にもなれたのは、そうした能力のおかげだ。バーバラはオハイオ州デイトンで育った。その地で母親のジョーンは、夫が亡くなる少し前の六〇代前半まで小学校の教師として働き、周囲から慕われていた。バーバラと弟が独立して実家を離れたとき、ジョーンは大きな自宅に住み続けると言い張り、ほとんど人手を借りずに家を汚れ一つない状態で維持した。だが、ジョーンが七八歳になった年の感謝祭にバーバラと弟が帰省したとき、二人は微妙な変化に気づいた。あとでバーバラが考えたところでは、それが、母親の認知機能がだんだん低下していくことを暗示する最初の出来事だった。ジョーンは、家族に人気の七面鳥料理に欠かせない、詰め物の決め手である栗を買い忘れており、キッチンのテーブルには未払いの公共料金の請求書を山積みのまま放置していた。請求書の散乱も料金の未払いも、几帳面なジョーンには似つかわしくない。それでも、バーバラたちは母親のミスを問題にしなかった。休暇の準備にかかりきりだったことや、義理の娘や息子に孫も増えて今や大所帯となった家族が勢ぞろいすることに興奮していたことが原因だと考えたのだ。

ところが、ジョーンの認知症状は徐々に悪化し始めた。週に二度、母親と話していたバーバラは、記憶力の異常がただごとではないと気づくようになった。ジョーンは毎週恒例の「女友達同士」の昼食会に参加していたが、一日前の昼食会のことを忘れ、孫娘の一人が高校をもうすぐ卒業することも忘れた。ある日曜日、教区の友人がバーバラに電話をかけてきて、ジョーンが、長年通っている教会に運転していく途中で道に迷ったと知らせた。

この時点でバーバラは実家に飛んで帰り、ジョーンのためにかかりつけ医の診察を予約した。

まず、かかりつけ医は血液検査をいくつかオーダーし、その後、地元の神経科医がMRI検査をオーダーした。ジョーンは「軽度認知障害」と診断され、アルツハイマー病の薬を服用し始めた。だが、これといった効果もなく認知機能が悪化し続けたので、バーバラは、母親をニューヨークに連れてきて私たちの医療センターで診察を受けられるように手配した。私が最初に見た、ジョーンの隣の椅子に積まれていたファイルには、これらの最近の検査結果だけでなく、ジョーンのかかりつけ医をはじめ、婦人科医、それに足首の捻挫を診てもらった整形外科医による数十年分の検査結果や臨床評価のコピーが入っていた。私たちにとっては、そのような記録は多いほどありがたい。そして、バーバラはジョーンの検査結果のコピーをすべて年別にきちんと整理してマンハッタンの家に保管していたので、それらを容易に持参できたのだった。

ジョーンを以前に診察した医師たちは、適切な血液検査をすべてオーダーしていた。それらの結果は陰性で、MRI検査は非常に高精度なものだった。画像をズームアウトして脳全体を観察したところでは、脳卒中や出血、腫瘍などの構造的病変は認められなかった。一方、両方の海馬をクローズアップしてみると、サイズが私の予想より小さいことがわかった。これはアルツハイマー病をうかがわせる所見だが、それをもってアルツハイマー病と診断することはできない。しかし、以前におこなわれていた認知機能検査の結果は、解剖学的な原因がおもに海馬にあることを意味していた。認知症かどうかの判断をくだすために足りなかったのは、神経心理学的検査だけだった。これについては、ジョーンがニューヨークに滞在しているあいだに何とか予定を入れた。

神経心理学的検査では、ジョーンのおもな異常が海馬にあることが確認された。さらに、第一章で触れた患者のカールとは違い、ジョーンの海馬の機能は著しく損なわれていた。神経心理学的検査からは、古い記憶が貯蔵される大脳皮質の中央ハブの機能が低下し始めていることを示唆する、わずかな異常があることもわかった。ジョーンの病気は、海馬にとどまらず、その外側へと死の行進を始めていたのだ。

ジョーンの症例は単純明快だった。それまでの経過が明らかに物語っていたし、検査結果もはっきりしていたので、私が教えている神経学科の研修医や医学生でも、アルツハイマー病だという臨床診断に到達できただろうし、本書を読み終えたら、あなたにもできたかもしれない。私たちの医療センターの専門的な知見がより必要となるのは、複雑な症例や、まれな原因で認知機能が低下した症例を診断する場合、そして近い将来の話だが、新世代のアルツハイマー病治療薬のどれがどの患者に最適なのかを見極める場合である。

私はジョーンにもバーバラにも同じくらい話をし、ジョーンの投薬計画へちょっとした変更を加えるように助言してから、症状が急変しない限り、ジョーンがニューヨークにまた来て診察を受けるには及ばないと二人に話した。それから、ジョーンが診察を受けている地元の神経科医と協力し、遠方から今後の管理にかかわるのにやぶさかでないという旨も伝えた。私は診察のほとんどの時間において、診断と薬物治療を任された医師としてではなく、親身になって助言する立場として二人に接した。現在の診断技術がどの程度不確実なのかという点は説明したが、ジョーンの症例では検査結果などのすべてのデータが矛盾なく説明できるので、差し当たり侵襲的な検査の追加は勧めないと補足した。それから、物忘れはジョーン本人のせいではないと説明した。それを聞いて、自分を責めていたジョーンは安堵の表情を見せた。さらに私は、現在使える薬についてざっくばらんに話した。それらはまだ第一世代であり、有効性はしょせんわずかしかない。それでも概して安全だし、効果が認められる患者もいるので、患者に処方することを検討する。もっとも、ジョーンに副作用が発生したら、生々しい夢や恐ろしい夢のような軽い副作用だったとしても、投薬の中止を考えただろう。根拠のない楽観を持たせないようにしつつも、バーバラが医学研究に大きな関心を寄せていることがわかっていたので、私は次のように説明した。この病気の根本原因がついに理解されつつある、そして私たちは製薬業界と協力しており、本当の意味で効果がある次世代の薬に対して妥当な希望を抱いている、と。

ジョーンは、つねに家族思いの母親らしく、アルツハイマー病は子どもや孫に遺伝するのかと質問した。アルツハイマー病は人生の晩年に襲ってくることが多く、患者は親や祖父母であることが多いので、これはよく尋ねられる質問だ。ただし、それは答えるのにきわめて時間がかかる質問でもある。病気に関与する遺伝子には、病気を引き起こす「決定的な」遺伝子と、病気になるリスクに影響を及ぼす「確率論的な」遺伝子がある。両者の違いは天秤に喩えるとわかりやすい。決定的な遺伝子には、入念に調整された健康の天秤のバランスを傾けるほど重い変異が含まれている。一方、確率論的な遺伝子、すなわちリスク遺伝子の欠陥は羽のように軽いものだ。その欠陥が一つあっても、病気をもたらすとは限らない。しかし、ほかのリスク遺伝子や、肥満、心臓病、糖尿病などのリスク要因の重みが加わると、それらが重なって天秤のバランスを崩すおそれがある。私は、こうした遺伝子の違いによって、アルツハイマー病が二つのタイプに分けられることを説明した。一つ目は、一つの決定的な遺伝子突然変異によって引き起こされるものだ。これは非常にまれなタイプで、すべてのアルツハイマー病の一パーセント程度しかない。このタイプのアルツハイマー病は三〇代、四〇代、五〇代で発症することが多く、早期発症型アルツハイマー病（若年性アルツハイマー病）と呼ばれることがある。一方、二つ目は後期発症型アルツハイマー病だ。これははるかに多いタイプで、発症するのはたいてい六〇代以降だ。病因が複雑なので、時代遅れな言い方だが、いまだに「孤発性」アルツハイマー病と呼ばれることもある。家系は後期発症型アルツハイマー病に関与する場合もあるが、それは両親から受け継いだ遺伝子が、アルツハイマー病にかかるリスク、つまり確率に影響を及ぼすという程度の話にすぎない。ジョーンについては、年齢も高かったし、彼女が両親のどちらかから決定的な遺伝子を受け継いだことを示唆する明らかな家族性のパターンもなかったので、私はバーバラとジョーンに、ジョーンはほぼ確実に孤発性の後期発症型アルツハイマー病だと伝えた。そして、たとえジョーンの子どもたちが確率論的な遺伝子の一つを受け継いでいるとしても、それらはリスク遺伝子にすぎないと説明し、アルツハイマー病を感染症のように子や孫にうつすかもしれないというジョーンの心の重荷を取り除いた。
私たちは最後に、現時点で何をするのが最もよいかについて、よく話し合った。これは、薬による治療ではなく心理社会的ケアをおこなうという意味だ。アルツハイマー病の初期段階で起こる病的な忘却は、それ自体で害をもたらすわけではないが、寒い冬の夜に自分を家から閉め出してしまったり、薬を飲み忘れたり、お金の管理を誤ったりといったことは起こりかねない。そこで「心理社会的ケア」を取り入れる。患者の生活に変更を加え、病的な忘却による事故やトラブルを未然に防いで患者を守るのだ。アルツハイマー病の最初期には、次のようにささやかな変化を加えるだけでよい場合もある。たとえば、曜日別に一週間分の薬を収納する薬箱のように、記憶を補助するものを使ったり、面倒見のよい家族に請求書の支払いや家計の管理の助けを求めたりすることだ。病気が進行すれば、ホームヘルパー（訪問介護員）を雇う手もある。だが最終的には、患者が自宅を出て介護施設に入居する必要があるかどうかについて決断をくだす必要がある。これは非常に辛いプロセスであることも多いので、家族全員が意思決定に参加することが望ましい。

ジョーンが私の診察を再度受ける必要はなかったが、バーバラは約半年ごとに電話をかけてきて、その後の経過と最新状況を報告してくれた。それに、親族に囲まれたジョーンの写真を添えたクリスマスカードを毎年送ってくれた。アルツハイマー病は徐々に進行していくことが多く、予想していたとおりにジョーンの認知機能は、アルツハイマー病の典型的なゆっくりしたペースで低下し続けた。電話口のバーバラはつねに丁寧な言葉遣いで、ジョーンの進行具合を説明するときには、持ち前のクールで事務的とも言える態度を崩さなかった。ジョーンが、毎日飲む薬のことを忘れるようになったのでホームヘルパーに来てもらうことに同意したことも、道に迷いやすくなったので車の運転をしぶしぶやめたことも、バーバラは冷静に伝えてくれた。そして最終的に、私が診察してから数年後、ジョーンは絶対に嫌だと言っていたことをおとなしく受け入れた。その年の復活祭の日、家族に囲まれて過ごしたジョーンは、家——家族の家であり、家族みなの思い出が詰まっている——を売って近所の介護付きマンションに移る時が来たことを悟ったのだ。

七年後、バーバラが私の対面診察を予約した。私は最悪の事態を心配した。特に、バーバラが待合室で物思わしげに一人で座っているのを見たときには、いよいよかと覚悟した。だが、ジョーンが介護付きマンションで元気にしており、さまざまな活動に参加していることや、以前より鈍くなったものの依然として陽気だということを聞いて安心した。それでも、バーバラは落ち着きなく話し続けた。ここ何度かジョーンを訪ねたとき、ジョーンがバーバラの名前をなかなか思い出せなくなってきたという。やがて、バーバラが私のもとを訪れたのは、母親の模範的な介護者としての役割を果たすためではなく、彼女自身が個人的な慰めを求めるためだということがわかってきた。アルツハイマー病による苦痛は、患者本人より家族に重くのしかかる場合があるので、家族を励ますことは、アルツハイマー病患者を診ている医師の重要な役割だ。バーバラとは何年もコミュニケーションを取ってきたが、彼女の声が震えていたのは、それが初めてだった。彼女は、母親が長女の名前を忘れるなどということが、どうしてありうるのかを理解したがっていた。いや、はっきり言えば、私に説明を求めていた。母親との関係は親と子というより友人同士のようだったし、しかるべき時が来たので、役割が入れ替わって自分が母親の母親になった。そんな娘をなぜ忘れるのか、というわけだ。その時点まで、高い管理能力を持つバーバラはひたすらジョーンのことに集中し、会社の仕事をこなすような効率でジョーンの病気に対応することができた。そのようにして、病気を診断するベストな方法、病気を管理するベストな方法、そして人生の最終章になりそうな時期を迎えたジョーンを世話するベストな方法を検討してきた。その時点までは、ジョーンがバーバラの助けをますます必要とするようになったことは、もっぱら母と娘の絆を強めた。しかし、このときバーバラは初めて、自分自身が抱える将来への不安を意識し始めた。ジョーンがバーバラの名前を忘れたことは、先行きを予感させた。それで、いずれ母親との互いを思いやる関係が失われてしまうとの思いから、苦悩を打ち明けたのだ。

私は、バーバラが何と答えるかわかっている質問を、あえていくつも投げかけた。お母様はあなたについて、名前以外のもろもろのことも忘れていますか？　答えはイエスだった。たとえば、ジョーンはバーバラがもうデイトンに住んでいないことを忘れていて、思い出させる必要がときどきあったし、バーバラのニューヨークでの生活のこともよく思い出せなかった。お母様は、あなたの顔が少しなりとわかるようですか？　イエス。バーバラが部屋に入っていくと、ジョーンはすぐに顔を上げ、目を輝かせながら満面の笑みを浮かべて挨拶してくれるという。バーバラは私がどういう方向に話を持っていこうとしているのかを察したが、母親が自分の名前を忘れたことは、ほかの物事を忘れたのとはわけが違って、ひときわこたえるし辛いと主張した。

私は、記憶と海馬の役割についてざっと説明した。海馬の働きにより、身近な人に関する記憶の要素が脳内でネットワーク状につながって記憶のタペストリーを作り上げる。記憶のタペストリーには、大切な人についての事実やその人に対する感情がちりばめられており、たとえネットワークの一部が失われても、全体としては復活することができる。バーバラが語ってくれた話に基づいて、私は妥当な説明を導き出せた。アルツハイマー病のせいで、娘に関するジョーンの記憶には消えてしまった部分があるものの、記憶ネットワークはまだ損なわれていない。だから、ジョーンは依然として娘を認識しているし、依然として娘を大切に思っているに違いない、と。

この説明は、バーバラにとって少しばかり慰めになったらしい。というのは、最も恐れていたことが、とりあえずは解消されたからだ。ただし、その説明の裏には、記憶ネットワークがさらに失われていくと、名前の忘却はネットワークの全体的な異常を意味することになるという含みがあった。つまり、いつの日か、母親がもはや娘を認識しなくなったり、大切に思わなくなったりする時が来るのだ。バーバラは、アルツハイマー病の特に残酷なところは、家族が患者の世話をする必要性が増すにつれて、患者はえてして家族のことを気にしなくなることだと話した。私も同感だった。多くの病気が悲惨なものだが、当たり前の温かい家族関係が無慈悲にも破壊されることは、アルツハイマー病のような認知症がほかの病気とは異なる点だ。

純粋に情報処理の観点から言えば、知っている人に関する記憶ネットワークをなす膨大な要素は、どれも等しく重要だ。しかし、自分と自分の大切な人という関係を考えると、バーバラが述べたことは的を射ていた。すなわち、名前を忘れることは、ほかにはない動揺をもたらすらしいということだ。第一章で話題にした私の患者のカールは、たとえ新しい依頼人の顔を見分けたり、その人と会った場所を思い出したり、その人の職業や家族に関する情報を列挙したりすることができたとしても、その人の名前を忘れた恥ずかしさは薄れなかっただろう。名前を忘れることはなぜか、その人に関するほかの事柄を忘れるよりも、相手を大切に思っていないという印象を与える。デール・カーネギーは、この心理学的な真実を自己啓発書の空前のベストセラーである『人を動かす』（山口博訳、創元社）に取り入れた。名前を覚えることは、ビジネスのゲームで成功するためのカーネギーの基本的な原則の一つだった。私たちは、初めて会った人の名前を覚えようと努めることによって、覚える気があるというメッセージを発信している――ときには相手を気にかけているように見せかけている。

来世に対する明確な概念がない宗教では、人のすばらしいおこないを語ることによって、その人の名を記憶にとどめることを重視する。たとえば古代ギリシャでは、叙事詩で英雄たちの偉業を称える。そのようにして集団に広まった記憶の形はクレオス（不朽の名声）と呼ばれた。私はユダヤ教の家庭に生まれたが、今はもうその習慣を実践していない。それでも、名前を覚えていることがユダヤ教でも重要なことはわかっている。エルサレムには、ユダヤ人大虐殺の犠牲者を追悼するヤド・ヴァシェム（世界ホロコースト記念館）という施設があり、多くの人に知られている。ヤド・ヴァシェムはヘブライ語で「記念碑と名前」を意味しており、この言葉はヘブライ語聖書に由来する。聖書によれば、神は神殿の壁のなかにヤド・ヴァシェム、つまり名前の記念碑を築くように命じた。そうすることで、自分のことを語り継いでくれる子どもを残さなくても、その人の名が生き続けて永遠に記憶されるようにしたのだ。名前を覚えていることの文化的な重要性はユダヤ教できわめて深く根づいており、その概念が宗教用語に入り込んでいる。ラビ（ユダヤ教の宗教指導者）は正しいおこないをする者として、冒瀆的な言葉を使うのを禁じられている。だが、ラビが使う罵り言葉が一つあり、私がタルムード学院で学んでいたころを思い出せば、それが使われることも珍しくない。その言葉とは「イェマック・シュモ」だ。一つの長い喉音《こうおん》として発せられるが、実は、やはり聖書に書かれた一続きの言葉に由来する。元の文は、神が敵に投げつける最も強い呪いの文句「イェ・マシェク・シェモ」で、「彼の名前を消し去れ」と訳せる。名前を忘れ去り、集団の記憶から名前を抹消することは、最も悲惨な運命に突き落とすようだ。

多くの人や多くの文化において、名前を覚えていることは敬意を表す究極の行為だ。一方、名前を忘れることは心のなかで無視することに近い。ジョーンがバーバラの名前を忘れたとき、名前を忘れるほど相手を大切に思っていないということが、バーバラに、たとえ潜在意識のレベルであったにせよ大きな打撃を与えた。裏返して言えば、健康な脳を持っている人では、他者をどれほど気にかけているかは、その人の名前をどれほど覚えているかに間違いなく影響を与える。

他者を大切に思う気持ちは、倫理の根幹をなす。道徳哲学では、相手との親密さに基づいて倫理《エシックス》と道徳《モラル》を区別することがある。(1) この見方によれば、道徳とは、赤の他人を含む世界のあらゆる人に対して、人間としてどう振る舞うべきかという善悪の普遍的な判断基準だ。一方、倫理は特定の集団における善悪の判断基準であり、家族や友人、地域社会の人びとといった個人的に知っている人に対して、どう感じ、どう振る舞うかという点を重視する。人間としての正しい振る舞いについての普遍的な基準は誰にでも生まれつき備わっているという考えに立てば、道徳は記憶にあまり依存しない。それに対して倫理は、新しい記憶を形成する海馬依存性の記憶システムに大きく左右される。記憶が形成されるときには、海馬が扁桃体や大脳皮質と連携する必要がある。たとえば、人の顔の情報が、名前やほかの個人的な情報と結びつき、それに感情が紐づけられて記憶情報の緊密なネットワークができ上がるのは、海馬の働きのおかげだ。

道徳が記憶とあまり関係なく、倫理が海馬依存性の記憶と関係があることは、第一章で取り上げた患者のH・Mを見てもわかる。H・Mは手術で両方の海馬を切除されたあとも、依然として道徳的な振る舞いをした（たとえ道徳的に振る舞わなかったとしても、海馬を切除されたことが理由だったはずはない）。しかし、彼は倫理的な振る舞いをしなかった。いつも礼儀正しかったが、海馬の切除後、何十年間も治療に当たってくれた医師を少しも気にかけなかったようなのだ。どうやら、まったく気にかけなかったから、医師の名前を覚えようともせず、医師の公私生活についても一度も尋ねなかったらしい。要するに、海馬を切除したことは、意識的な記憶を形成する能力だけでなく、倫理的な人間関係を築く能力も奪ったのだ。

誰かを大切に思うことは記憶に基づいており、人を大切に思うことは倫理の中核をなす。これら二つの事実は、記憶の倫理性、すなわち私たちには過去の出来事を覚えておく義務があるのかについて哲学的に検討する理由を与えてきた。では、倫理の観点から見て忘却には何かしら利点があるだろうか？ ほとんどの哲学者が注目してきたことが一つある。それは、赦しをもたらすという利点だ。赦す相手が家族だろうと、友人、あるいはさらに大きなコミュニティだろうと、赦すためには憤りや屈辱や苦痛をある程度手放す必要あるということに、ほとんどの心理学者や社会学者が同意している。[2]「手放す」は日常的な言葉であり、神経学的には忘却に言い換えられる。今の話題で言えば、脳が感情を忘却することを意味しており、それは苦痛を伴う記憶の破片の鋭さを和らげてくれる。

記憶の破片の鋭さを和らげることは、本書のプロローグで名前を出したエリック・カンデルにとって「赦すための忘却」という比喩以上のものがあった。エリックは一九二九年、同化ユダヤ系オーストリア人家庭に生まれ、父親がウィーンで営む玩具店の上にある小さなアパートで育った。一九三八年三月にドイツがオーストリアを併合し、八カ月後に水晶の夜事件が起きたあと、エリックは家族に連れられてニューヨークのブルックリンに移住した。なお「水晶の夜」という名前は、ユダヤ人の経営する店舗がナチスの準軍事組織に襲撃され、破壊されたガラスの破片が水晶のように光っていたことに由来する。エリックは精神科医の道に進んで記憶研究の第一人者になり、その研究により二〇〇〇年にノーベル生理学・医学賞を受賞した。受賞によって名声が高まると、ウィーンの市長は地元出身者の栄光にあやかるためエリックと親交を結ぼうとしたが、彼ははじめ、市長の申し出を辞退した。エリックは当初、ふたたび関係を持てる程度にまで加害国を赦す気にはなれなかったが、市長はあきらめず、エリックとの公式対話を何度も設定した。また、エリックの要請に応じて、心の傷を癒すさまざまな計画をおこなうと約束し、エリックがオーストリアを赦す一歩を踏み出せるよう努めた。彼はユダヤ人に加えられた残虐行為を決して忘れなかったが、最終的には加害国を赦した。それで、二〇〇八年にウィーンの名誉市民権をようやく受け入れることができたのだ。このような形で被害国側が加害国を赦すことの倫理的な可否は哲学の議論になるかもしれないが、私としては、そのような赦し方はあってもよいのではないかと思う。

エリックは九一歳にして、コロンビア大学でもトップクラスの規模と業績を誇る研究室を今も運営している。彼は、記憶力が必ずしもすべての人で劇的に低下するわけではないことを示す生き証人であり、私にとっては長年にわたる、かけがえのない研究の師だ。彼は、ウィーンとの関係の変遷について私と話し合うことに同意してくれた。そして、記憶の世界的権威である彼との「赦すための忘却」に関する議論は実に刺激的なものだった。ウィーンはエリックの子ども時代のすべてを容赦なく破壊し、家族から尊厳や暮らしを奪ったが、エリックは今日、ウィーンの単なる名誉市民というだけでなく、同市の学術的な催しや文化行事に積極的に参加している。

エリックが加害国をここまで赦せるようになるためには、複数の具体的な行動計画が必要だった。それらは二つの忘却メカニズムを中心として構成されている。一つ目の計画は、ナチズムに対するオーストリアの認識を共有するための年次シンポジウムをウィーンで設定することだ。このシンポジウムの目的は、ありのままの事実を記憶すると同時に和解を促すことにあった。いずれにも、感情的記憶をある程度手放すことが求められる。異なる集団間の対話によって、ナチズムの犠牲者側は加害者側の偏った理屈やゆがんだ動機を知り、さらに重要なこととして、加害者側は犠牲者側の苦痛の大きさを知る。シンポジウムの目的の一つは、あの残虐な歴史的事実が記憶され、いつまでも忘れられないようにすることだ。しかし、あの無慈悲な事実を世間に公表するもう一つの目的は和解にある。すなわち、その記憶を共同で再編して国民全体の歴史認識にするとともに、いくらかの社会的な赦し《ソーシャル・アムネスティ》（social amnesty）を与えることだ。この回復プロセスは、感情の忘却をある程度必要とする。集団的記憶は、時代や必要に応じて柔軟に変わるものでなければならない。すでに見たように、個人的記憶の柔軟性には積極的な忘却が必要だ。ならば、個人的記憶の集まりから構成される集団的記憶にも同じことが当てはまる。英語のアムネスティ（amnesty）は「恩赦」を意味する言葉で、ギリシャ語で「忘却」を意味するアムネスティア（amnestia）に由来する。この言葉に表れているように、忘却は赦しにつながるのだ。

ウィーンの二つ目の計画は、より単純な忘却メカニズムを利用するものだった。脳に貯蔵されているすべての情報が、覚えておく価値のあるものというわけではない。それに、個人の精神衛生や、今の話題で言えば国家の健全性を保つため、私たちが一時的に取り込んでいる世界の情報の詳細を忘れることには実際に利点がある。エリックは、ウィーンの元市長にちなんで名づけられた通りが同市にあることを知っていた。その人物は極端な反ユダヤ主義者で、ヒトラーが『わが闘争』〔邦訳は『わが闘争』（平野一郎・将積茂訳、角川書店）など〕で人生の師と仰いだほどだ。エリックの要請を受け、通りの名称は二〇一二年に変更された。それこそイェ・マシェク・シェモだ！もっとも、通りの名前を消し去ることは、その元市長の感化を受けたヒトラー――汚名を負い続けるべき男、単に異例の偏屈者というだけではなく、その卑劣な人種差別主義が史上最大級の道徳的犯罪の原因となった男――の名前を歴史書から消し去ることではない。

ほどよく忘れることで記憶と忘却の適切なバランスを取ることには、ややわかりにくいが倫理的観点から見た利点がもう一つある。他者を大切に思うことに記憶が必要ならば、記憶が多すぎた場合の倫理的な影響を考えなくてはならない。過剰な記憶は、大切に思う気持ちの行き過ぎを引き起こす可能性がある。

父母を敬いなさい。隣人――あるいは聖書の元の文言からより正確に引用すれば、友人――を自分のように愛しなさい。国旗に忠誠を誓いなさい。これらの教えにおける、あなたと他者や、あなたと国家との倫理的な関係は、親密さの順で家族、友人や隣人、そして国家という具合に、あなたを中心とする同心円状に広がっていると考えることができる。今挙げた三つの例のうち、事実を感情に結びつけるという点で海馬依存性の記憶システムに最も依存するのは、自分の国を大切に思う気持ち、つまり愛国心だ。国を大切に思う気持ちは、家族や友人を大切に思う気持ちに比べて、持って生まれたという側面が弱く、より抽象的なので、学習や記憶に依存するところがより大きい。仮に事件か何かが起きたとき、「わが子が助かるなら私が死にます」や「友人の代わりに私が犠牲になります」といった言葉は自然に出るかもしれない。しかし、国家のためにというのはどうだろうか？　国家に命を捧げるため、いや命がけとまではいかないにせよ愛国心を感じるためには、国民が共有する地理や歴史だけでなく、自国の過去の栄光や苦しみを意識的に記憶する必要がある。

では、クララという一四歳のスイス人少女の例を考えてみよう。怪我をしてベッドに横たわっていた彼女は、両親と医師がそばにやって来たときに「家に帰りたい!」と何度も泣き叫んだ。クララの家族はスイスアルプスの田舎町インターラーケンの家を離れ、スペイン北部にある海辺のリゾート地で休暇を過ごしていた。一日前、クララは、リゾート地のビーチスタッフが手配したヨットの旅で頭を打った。陸に戻ってからクララが頭痛と吐き気を訴えたので、地元の医師が呼ばれた。医師は軽い脳震盪《しんとう》を疑ったが、怪我はその程度だと判断し、安静と水分補給を勧めるに留まった。

翌朝、まだ軽い頭痛はあったが吐き気は収まっており、クララの神経学的検査の結果はすべて異常なしだった。ところが、今や彼女は、わが家の思い出で頭がいっぱいのようだった。誰でも、外出時に具合が悪くなったり、あまりにも長く留守にしたりしたときなど、家に帰りたいと思うことはあるものだ。しかし、クララの思いは、単に家を恋しく思うという正常な感情ではなかった。彼女はスイスの食べ物を懐かしがるあまり「異国の食べ物」に嫌悪感を示し、いっさい飲食をしなくなった。さらに、スペインでの「異国のマナー」やレストランのスタッフの「変な会話」もばかにした。潮風の香りや打ち寄せる波の音は、前日にはとても心地よいものだったのに、今やそれだけでクララは不快感を催し、カウベルが響くスイスの青々とした山並みとは異なる環境に耐えがたい苦痛を感じた。彼女は「美しい祖国」の記憶とその大切な「国民の習慣」につきまとわれており、ふたたび診察した医師は、この「気分の落ち込んだ錯乱状態」はホームシックの極端な発作だと表現した。

実は、「クララ」は数々の若いスイス人患者を合成した人物だ。これらの患者は、一六八八年にヨハネス・ホーファーという医師が、在籍していたバーゼル大学に提出した医学博士論文に記述されている（クララに関する架空の物語は、さまざまなアレンジを加えて現代の話にしたが、クララの症状はホーファーが遭遇した患者の特徴を再現しており、引用語句はホーファーの論文からそのまま引用している）[3]。患者の多くには、次のような特徴が認められた。みなスイス人の若者で、みなひどいホームシックのような状態だったが、医学的に見れば、ホームシックという言葉では片づけられないほど悪い事態だった。ホーファーはこの新しい症状を診断しながら、こうした特徴を言い表す新しい医学用語として、さまざまな言葉を考えてみた。ホーファーが検討した造語の二つは「ノソマニア（nosomania）」と「ノスタルジア（nostalgia）」で、古代ギリシャ語のノストス（nostos）に由来する。ノストスは帰郷するという幸せな気持ちを表す言葉で、ホメロスが叙事詩『オデュッセイア』で用いたテーマだ。一つ目の用語の接尾辞「マニア（mania）」は「狂気」を意味するギリシャ語のマニア（mania）に由来し、二つ目の用語の接尾辞「アルジア（algia）」は「苦痛」を意味するアルゴス（algos）に由来する。造語の三つ目の候補は、舌を噛みそうな「フィロパトリドマニア（philopatridomania）」で、祖国への熱狂的な愛を意味する。最終的にホーファーは「ノスタルジア」を選んだが、説得力のある理由は示さなかった。それに実のところ、現代の医学訓練を受けた目で彼の博士論文を読むと、むしろ「ノソマニア」のほうが適切ではないかと思える。

神経学では、「機能の喪失」を伴う病気と「機能の獲得」を伴う病気を区別することがある。アルツハイマー病は、機能の喪失をもたらす病気の例である。というのは、アルツハイマー病によって海馬の神経細胞が破壊されると、神経細胞の正常なシナプスの活動が低下するからだ。それで神経細胞の正常な発火が抑制されると、正常な記憶機能が失われる。一方、「機能の獲得」をもたらす病気では逆の結果が起こる。そのような病気では、神経細胞が過度に刺激されてシナプスの発火が急激に起こり、病変のある脳領域の機能が異常に高まる。こうした「火がついた脳」の病気の最も顕著な例は、発作が急激に起こるてんかんなどの発作性疾患だ。発作の焦点〔発作が起こる脳の部分〕が大脳皮質の感覚野の場合、患者は本来とは違う匂いや光景、音を経験することがある。これらはすべて機能獲得型の症状だ。発作の焦点が、記憶が貯蔵される大脳皮質の中央ハブの場合には、異常な機能の獲得によって偽りの記憶の形成が刺激され、既視感《デジャヴ》が引き起こされる。現在では、幻覚や妄想、さらには強迫観念も、異常に活動的な脳によって引き起こされる機能獲得型の症状だとわかっている。もっとも、これらの場合、そうした症状は大火事というより、ゆっくりした燃焼の結果として起こる。また、これまでの章で述べたように、不眠が続くと不要な記憶が過剰に蓄積されて精神障害が生じるが、それも脳機能の有害な獲得の例だ。

ホーファーはノスタルジアを機能獲得型の神経疾患、すなわち火がついた記憶過剰な脳と見なしたに違いなく、大脳皮質が「楽しいわが家」の記憶を貯蔵する脳の部位に火災の発生源があると気づいた。脳の各領域やそれらの機能をよく知らなかったので（実際の話、当時はほとんどわかっていなかった）、発生源は「脳中央部」のどこかだと解剖学的に当たりをつけた。そして、神経細胞やシナプスや樹状突起スパインのことが知られるようになる何百年も前に、過剰な記憶の病気であるノスタルジアは「祖国の概念の痕跡がまだ染みついている脳中央部の線維のなかを動物精気が絶え間なく振動すること」によって引き起こされるという詩的な仮説を立てた。さらに、生理学的な洞察力の鋭い彼は、この記憶の火災が脳全体に燃え広がる可能性があると示唆した。今日では、てんかん発作は、ある部分で始まってから脳全体に広がって大発作（強直間代発作）を引き起こすというように表現できるかもしれないが、ホーファーはノスタルジアの火災について、「祖国」部位で始まってから「小孔や管」で構成される「経路」を通って広がり、あらゆるものを覆い尽くす強迫観念、つまり「祖国」への思いに満ちた「病的な想像」を引き起こすと言い表した。

すでに見たように、ＰＴＳＤは感情的記憶の有害な獲得であり、そのフラッシュバック症状は感情的記憶が増進した状態（記憶が多すぎること）と見なされる。ホーファーの理論によれば、ノスタルジアも同じような仕組みで起こる。ホーファーが説明したように、独特な記憶増進のせいで、ノスタルジアの患者はもはや「母乳を忘れる」ことができず、祖国の心地よさをおぼろげにでも彷彿とさせる景色や音を少しでも見聞きすると、「祖国の魅力」を思い出して切なくなる。ホーファーは考察の締めくくりとして、「祖国のことばかり考え込むこと」つまり強迫観念は

「心の愚かさ、すなわち祖国に思いを寄せること以外にほとんど関心がない状態」につながる可能性があると述べた。なお、「愚かさ（stupidity）」という言葉を使ったのは無神経だとホーファーを批判する前に、知っておくべきことがある。この言葉は今日では軽蔑的だと見なされるが、そのような多くの言葉が一九世紀後半までは正式な神経学的な診断名として用いられていた。たとえば、大人になっても子どものように振る舞う人は「白痴（idiot）」と診断されていたし、一〇代のように振る舞う人は「魯鈍《ろどん》（moron）」と診断されていた。ホーファーが、強迫観念は記憶の有害な獲得を表している可能性があると暗に示したのは慧眼《けいがん》だった。今では、クララのように、行動に悪影響を及ぼす異常な思考が繰り返し起こる強迫性障害の患者では、記憶の想起にかかわる大脳皮質の領域が、それこそ異常に活発で領域同士が過剰に接続していることがわかっている。そのような患者にとって、本書で説明してきた忘却メカニズムを利用する曝露療法は、今もなお特に効果的な治療法の一つだ。(4)

ホーファーは自分が診たノスタルジア患者の人口学的特徴に基づき、考えうる病因、つまりノスタルジアになりやすい要因を三つ挙げた。一つ目は年齢だ。ホーファーは、若者が多感で感傷的なことは、何らかの形でノスタルジアにかかりやすくさせると示唆した。二つ目として彼は、子どものころに受けたある種の「傷」がノスタルジアのリスクを高める可能性があると主張した。そのような傷は、間接的な影響を及ぼして正常な成長プロセスを遅らせ、低俗で幼稚な味覚や好みが十分に成熟するのを妨げる可能性があるというわけだ。そして患者がみなスイス人だったことから、ホーファーは三つ目として愛国心を持ち出し、次のように考えた。自分たちの愛する祖国「スイス」には、スイス人がほかの「ヨーロッパ民族」よりノスタルジアにかかりやすい理由を説明できる特別な何かがあるのではないか、と。

病気はみな、洞察力に優れた医師の直観から病気として発見され、病気として認識される。ただし、医師が臨床で病気ではないかと疑った症状が、すべて病気として認められるわけではない。レオ・カナーが直観を働かせ、子どもたちの症状を自閉症として報告した例とは違い、ホーファーの直観は結局のところ間違っていた。ノスタルジアは病気ではない。言い換えれば、火がついた、故郷の記憶が過剰な脳ということではない。それでも、このノスタルジアという概念を引き合いに出すことは、倫理の観点における忘却の利点を理解するのに役立つ。

ホーファーが考案した「ノスタルジア」は病気ではないが、この言葉は、医学の教科書ではなく文化的な語彙のなかで生き残っている。それは、ノスタルジアの概念がロマン派の詩人、哲学者、政治学者に早々と取り込まれたからという理由が大きい。ホーファーが博士論文を発表してまもなく、彼らによって愛国心の近代的な概念がまとめられていった。ノスタルジア、ひいては自分の国、母国、祖国を大切に思うことが美化され、愛国心は父母を大切に思うことと対等の倫理的な基盤に位置づけられたのだ。

『メリアム・ウェブスター・カレッジ英英辞典』によれば、ノスタルジアとは「過去のある時期ないし取り返せない状況への回帰やその再来を願う切ない思いや過度に感傷的な思慕の念」だ。このような切望は必ずしも悪いわけではないし、失われた楽園への憧れというのは人間の憂鬱な精神状態の一部をなしているらしく、旧約聖書で人類の祖先とされるアダムとイヴがすでに抱いていた感情だ。どこの国の人びとも、その国民特有のノスタルジアを感じる。(5) そして何より興味深いのは、すべての人が祖国へのノスタルジアというものに心を動かされるにもかかわらず、どの人も自分の国のノスタルジアはどこか特別だと信じている様子が認められることだ。クララが祖国を愛しげに思い出し、思い焦がれたのは倫理的に悪いことではなかったが、ひとたび記憶が心を奪い尽くして荒れ狂う大火のように広がると、クララの倫理的IQはみるみる失われてしまった。このように、自分が知っている対象への倫理的な愛情がねじれて見知らぬ対象全体への非倫理的な嫌悪感に変わることは、過剰な記憶の潜在的な危険性を示しており、その危険は生活のあらゆる面に潜んでいる。記憶と忘却のバランスを取ることができれば、心、あるいはホーファーいわく「想像力」が、そのような状態に陥るのを防げる可能性がある。

誰でも、程度の差はあっても愛国心を抱いたことがあるだろうし、多くの人が自分の国を大切に思うのも、それが倫理にかなった形である限り正当なことだ。二〇〇一年九月一一日に世界貿易センターが崩壊して鋼鉄と骨の瓦礫と化すのを目にしたとき、私はアメリカ人のあらゆる愛国心を目撃した。その日は朝から仕事で忙しく、私は医療センターの事務局で病院の管理者たちと自分の研究室の予算を見直していた。そこはたまたま、医療センターのなかで最も高いビルの最上階にあった。医療センターはマンハッタンの最北端に位置しているだけでなく、マンハッタン島で最も標高の高いワシントンハイツにある。ワシントンハイツは、ジョージ・ワシントンがアメリカ独立戦争におけるワシントン砦の戦いでイギリスに抵抗した場所だったことから、そう名づけられた。医療センター最上階のオフィスには南向きの窓があり、マンハッタンのすばらしい全景を見渡せる。そして、あのすがすがしい朝、私たちは恐れおののきながら、マンハッタン島南端の世界貿易センタービル北タワーから煙がもうもうと立ち上るのを見上げた。これが外国の攻撃によるものだということが明らかになったとき、マンハッタン島が外国から攻撃されたのは、自分たちの国がリベラル・ナショナリズムの原則を中心に樹立されてから二〇〇年以上が経つなかで初めてだと気づいた人もいた。

ツインタワーの炎上がまだ続いていたとき、私たちはマンハッタン南部のダウンタウンに急行せず医療センターにとどまるよう指示された。現場に駆けつけたくなるのは医療提供者の本能なのだが、ワシントンハイツの医療の砦を維持し、被害者を次々に搬送してくるはずの救急車を待つようにとのことだった。しかし、テロの生存者はきわめて少なく、結局一人も運ばれてこなかった。あの忌まわしい日の成り行きを伝えるテレビにくぎ付けのまま、私はなすすべなく待ちながら、衝撃を受けた同僚たちのなかでナショナリズム的な議論が展開していくのを見た。これは愛国心の健全な復活だと思った。というのも、イスラエルの友人たちに比べて、アメリカの友人の多くは祖国との感情的なつながりが弱いと思えることが多かったからだ。もっとも、私は祖国への思い入れの希薄さを批判的に見ていたのではない。むしろ、アメリカの友人のほぼすべてが兵役に就かなくてもよいことや、国が存在することが当たり前と思える国に住んでいることを、しばしばうらやましく思っていた。だが、アメリカ人の祖国が攻撃されているこうした状況では、愛国心が一気に高まったという話が彼らから出るのも妥当だと思えた。

ツインタワーが倒壊すると、医療センターの待合室に集まっていた人のほとんどの脳で、ホーファーが想定した架空の領域が激しく活動し始めたようだった。人びとのあいだには、自分たちの国が攻撃されたことへの報復を望む意識が共有されていた。紛争の絶えない中東で育ったことの利点と考えられるものの一つは、ナショナリズムの罠に敏感になることだ。待合室にいた人のほとんどは、外国のテロリストによる殺戮など見たことがなかった。この場合、狙われたのは祖国でもあり、自分たちが住んでいる町でもあった。だから、報復を望む反応が起こるのは無理もない。だが、一部の人の脳が異常に活発な状態に突入したように見えたときは心配になった。そのような機能の有害な獲得は、特にリベラルな同僚たちのなかでさえ、激しい外国人嫌悪が会話に忍び込むという形で表れた。彼らは、すべての「アラブ人」、すなわちアラブ人全体に対する憎悪で煮えくり返っているようだった。このとき私の頭に、ホーファーは正しかったという考えが浮かんだ。このような火のついた脳、つまり祖国の記憶ばかりが想起される有害な記憶増進は、数名のとても聡明な友人にまで道徳的に愚かな考えを一時的に持たせたのだ。

何日か経つと、人びとのあいだに落ち着きが広がった。こうした頭のクールダウンはきわめて複雑なプロセスを要するものだが、今にして思えば、これまでの章で述べた忘却メカニズムの一部が働いたに違いない。本書では、忘却のノミがどうやって記憶を削り取るのかを見た。さらに、衝撃的な出来事の直後に感情の忘却が始まって治癒効果をもたらすことや、社会活動への参加がそのプロセスを促進し、感情的記憶が焼けるように熱くなって精神障害を引き起こすのを防ぐことも見てきた。同じことが、集団的記憶や社会に発生する病的な状態にも当てはまる。同僚たちや私の場合、このプロセスが起きたのは次のような機会だった。マンハッタンの街角に自発的に集まった多様な人種の何千人というアメリカ人愛国者とともに、ひしめき合いながらキャンドル・ビジル〔ろうそくを灯しておこなう徹夜の祈り〕に参加したとき。そして、犠牲者や行方不明者の貼り紙がしてあるダウンタウンのあちこちの現場を訪れ、文化の異なる何百人もの人の顔写真を見て、彼らの名前を心のなかで読み上げたときだ。

ホーファーはノスタルジアについて思い違いをしていたが、誰か個人を表象する大脳皮質のハブの一群があるように、「祖国」を表象するハブの一群があるというのも考えられないわけではない。もし、同時多発テロが起きて私たちのナショナリズム的な反応が変化していくあいだに、祖国を表現する大脳皮質のハブの活動を記録して、長い用紙——心臓医が心臓の電気的活動を記録するためや、神経科医が脳の電気的活動を記録するために用いるシート——に印刷することができていたら、本書の主張を伝える記録が手元にあったことだろう。それは、健全な心を保つために記憶と忘却のバランスがいかに大切かということを、集団の倫理的健全性の変化によって示した記録だ。

その電気的記録は、標準以下の弱いスパイク活動を表す波で始まるだろう。もしかしたら最初は、国民全体が愛国心を忘れている状態、すなわち祖国をほとんど気にかけないという倫理的に疑問視される状態を反映するまっすぐな線ですらあるかもしれない。だがそれから、愛国心を焚きつける刺激を受けて祖国の記憶がよみがえり、国の安全や安寧を思い出して気にかける正常なレベルに戻ることで、スパイク活動の健全な波が連続的に出現する。しかし次に、祖国の記憶が神経のすさまじい活動を急激に引き起こし、過剰な活動が脳全体に広がる。それは感覚を麻痺させるような発作で、震源地（焦点）は祖国を表現する大脳皮質のハブだ。その後、祖国を思う過剰な活動が沈静化するにつれて、火のついた脳も冷静になる。クールダウンには多くの要因が絡むに違いないが、少なくとも部分的には正常な忘却も関与する。正常な忘却はこの場合、ほとんどの人が倫理的に健全な状態に回復するのを助けてくれる。

エピローグ　病的な忘却

「スモール先生、先生の解剖学的なスキルはすばらしいですね。ですが、原因は何なのですか?」。この皮肉交じりの発言に聞き覚えがないのなら、幸いにも海馬がトラバサミではないことと、そして記憶が必ずしも生涯にわたって大脳皮質に刻みつけられているのではないことを、あなたは身をもって示している。逆に、その言葉に心当たりがあるのなら、第一章で私が患者のカールからこの質問を受けたことを、あなたは覚えているのかもしれない。私は、彼の老化に伴う記憶力低下の起源部位が海馬だと突き止めたあと、そう質問されたのだ。彼の皮肉なお世辞には、「場所がわかったから何だと言うのですか?」という微妙な――いや、人を魅了する議論好きなカールのことだから、それほど微妙ではないかもしれない――含みがあった。彼が知りたかったのは、記憶力の低下がどこで起きたのかではなく、なぜ起きたのかだったのだ。

あなたは、私が忘却に関する新しい科学的知見をカールに伝えられなくて悲しんでいることも覚えているかもしれない。そのような知見の大半は、彼が亡くなったあと、この一〇年間で見出された。カールは老化による記憶力の低下に悩んでいたが、多くの人が、ものを忘れること、言い換えれば、私たちが一生のほとんどでつき合っていく正常な忘却のことを心配する。だが、この正常な忘却への不安は誤解から生まれるものであり、そのような不安を和らげたいというのが、私が本書を執筆した動機だ。近年、正常な忘却の利点について新たな知見が生み出されている。一方の病的な忘却とは、生まれつき備わっている機能としての忘却より加速した忘却を意味しており、それを恐れるのはもっともなことだ。だが、学問の世界は世間から隔絶されていて研究成果が社会にきちんと伝わっていないので、私は忘却に関する新しい考え方を発信しようと思った。

カールは、診断における解剖学的な見地を理解していた。その前提となるのは、病気によって標的となる脳の領域が異なり、どの領域に病変があるのかを突き止めれば、より正確な診断ができるという考え方だ。本書では全編にわたり、正常な忘却に対する誤った悩みを解消しようとしてきたが、最後に、病的な忘却に対する当然の心配に目を向け、新しい研究の結果を伝えることで本書を締めくくろうと思う。

患者たちが本当に知りたいこと、それにみなが知りたいことは、なぜ病的な忘却が起こるのかということだけでなく、悪いところをどうやって修正するか、つまりどうやって治療するかということだ。病気のおもな要因は異常なタンパク質なので、多くの効果的な治療法は要するに、タンパク質の異常をどうにかして正常にしようとする取り組みだと言える。脳は何百ものさまざまな領域から構成されている。そして、それぞれの領域には特有の「神経細胞集団」があり、細胞に含まれているタンパク質は集団によって微妙に異なる。解剖学的見地が有望な点は、脳障害の原因部位である神経細胞集団を正確に特定できれば、その細胞集団に含まれるどのタンパク質に異常があるのかがわかることだ。病気の解剖学的な原因を求めて「助けを求める叫び声に耳を傾ける」とは、近代医学の幕開けを迎えた一八世紀後半に用いられた詩的な言い回しだが、[1]これは解剖学的な見地に基づく探索救助《サーチ・アンド・レスキュー》の論理を的確に言い表している。すなわち、病気の解剖学的な原因に迫ることによって、その病気の根本原因が明らかになり、究極的には、治癒につながる治療法の手がかりが得られるということだ。

晩年に起こる病的な忘却の原因や治療法の探索は出足が鈍く、革新的な進歩が見られるほかの医学分野に後れを取った。そのおもな理由は、分類をめぐる混乱にあった——自分たち研究者が無知だったことの言い訳として、私は患者やその家族にそう説明する。アロイス・アルツハイマー博士がこの病気について報告したのは一九〇六年だったが、アルツハイマー病は二〇世紀のほとんどのあいだ、驚くほど無視されていた。アルツハイマー博士は、老年期に入りかけた年齢

（初老期）で認知症を発症した患者の脳にアミロイド斑や神経原線維変化が認められるという画期的な観察結果を報告した。ちなみに、「老年期」は六〇代なかばに始まる年代だと、やや恣意的に定義されている。ただし、「初老期認知症」はめったに見られない。アルツハイマー博士の発見は、認知症が性的堕落によって引き起こされるのではなく本当の病気だということを示したので、まったく新しい発見だと受け止められた。それでも、初老期認知症はごくまれにしか見られないことから、一九七〇年代後半まで「アルツハイマー病」が医学の教科書で言及されることは、皆無ではないにせよほとんどなかった。「老年期認知症」、すなわち晩年に起こることが多い進行性の認知機能低下は昔から知られており、医学の進歩によって長寿の人が増えるにつれて有病率が指数関数的に増加していた。にもかかわらず、それは病気ではなく通常の老化プロセスの最終段階を表していると考えられていた。記憶に関与する脳領域の神経細胞が死んで脱落することは、年を取ると皮膚に皺《しわ》ができたり髪が白くなったりするのと同じで、老化による通常の衰えの一環だと見なされていたのだ。しかし、平均寿命が延び、高齢者の脳の剖検が増えるにつれて、一九七〇年代に突如、アルツハイマー博士が初老期の患者で観察したのとまさに同じアミロイド斑や神経原線維変化が、老年期の患者にも認められることがわかってきた。そして必然的に、二つの異常は同じ病気だという結論が導かれた。これは医学史上の重大な分岐点となった出来事だ。アルツハイマー病は、現在では初老期認知症と老年期認知症の両方を包含しており、もはやまれな病気ではなく、現代のごく一般的な病気、かつ特に恐ろしい病気と見なされている。

ところが、アルツハイマー病の概念は拡大しすぎてしまい、ほどなく、年齢とともに海馬依存性の記憶力が多少とも低下してきた人はすべて、アルツハイマー病の最初期段階だと考えられるようになった。これは言い換えれば、私たちみなが遅かれ早かれアルツハイマー病になるということだ。神経科医のなかには、そのような考えは筋が通らないと考える者も少しはいた。たとえば、私は動物モデルで研究していた経験から、あらゆる哺乳類種で、通常の老化プロセスの一環として海馬依存性の記憶力の低下が起こることを知っていた。だから、哺乳類のなかで、人間だけが通常の老化の影響をなぜか免れるというのは信じがたかった。私を含む少数派は、老化に伴う海馬の機能障害が、老化を反映したプロセスと病気を反映したプロセスの二つによって起こると主張し、たとえば老眼（老化に伴う視力の通常の低下）とは違い、アルツハイマー病にならずに八〇代や九〇代を迎える人も多くいると強調した。しかし多数派は、この病気の有病率は年齢とともに上がり、もし誰もが長生きできるとしたら、一人残らず最終的にアルツハイマー病になると反論した。

私は一九九八年に自分の研究室を立ち上げると、同僚たちとともに、この決着がつきそうにない論争を解剖学的な見地から解決できないだろうかと考えた。当時、海馬がいくつかの異なる神経細胞集団からなり、それらが解剖学的に区別できる部位にかたまっていることはよく知られていた。二〇〇一年、私たちは論文で仮説を発表した(2)。アルツハイマー病が、老年期の海馬の機能障害を引き起こす一つの原因なのは明らかだが、通常の老化も第二の原因に違いないと主張したのだ。そして、アルツハイマーが原因の場合と、通常の老化が原因の場合では、標的になる海馬の神経細胞集団が異なるはずだと仮定した。この仮説は単純なものだったが、検証するのは容易ではなかった。なぜならば、アルツハイマー病では最初に神経細胞が異常をきたし、長い年月の末に細胞が死滅するが、同じことが通常の老化にも当てはまるからだ。アルツハイマー病のグラウンドゼロを特定して通常の老化と比較するためには、アルツハイマー病の最初期、つまり発病前の段階にある患者の海馬の「神経細胞機能障害」地図を作成できる装置が必要だった。

ｆＭＲＩ（機能的磁気共鳴画像法）は、原理的には、ある脳領域がエネルギーをどれだけ消費しているかをマッピングすることによって神経細胞機能障害を検出できる。ｆＭＲＩ装置は、脳領域のエネルギー消費量に応じて色分けしたヒートマップのような画像を作成する。異常が起きている神経細胞は、正常な細胞より「熱い」か「冷たい」。たとえば、てんかん、ＰＴＳＤ、架空の病気であるノスタルジアのように機能獲得型の症状では熱く、アルツハイマー病や老化のように機能喪失型の症状では冷たい。だが、当時のｆＭＲＩ装置には空間分解能の問題があった。低解像度の人工衛星では、群島全体をとらえられても個々の島を区別できないように、そのころのｆＭＲＩ装置では、海馬を視覚化することはできても海馬の個々の領域は区別できなかったのだ。そこで私たちの研究室は、最初の五年間は技術面の研究と開発に注力せざるをえなかった。私たちは海馬の各領域における神経細胞の異常を検出できるように、断続的にｆＭＲＩの改良を試みた。なにぶん私はキャリア初期の不安定な段階にあったし、成功するかどうかわからなかっ

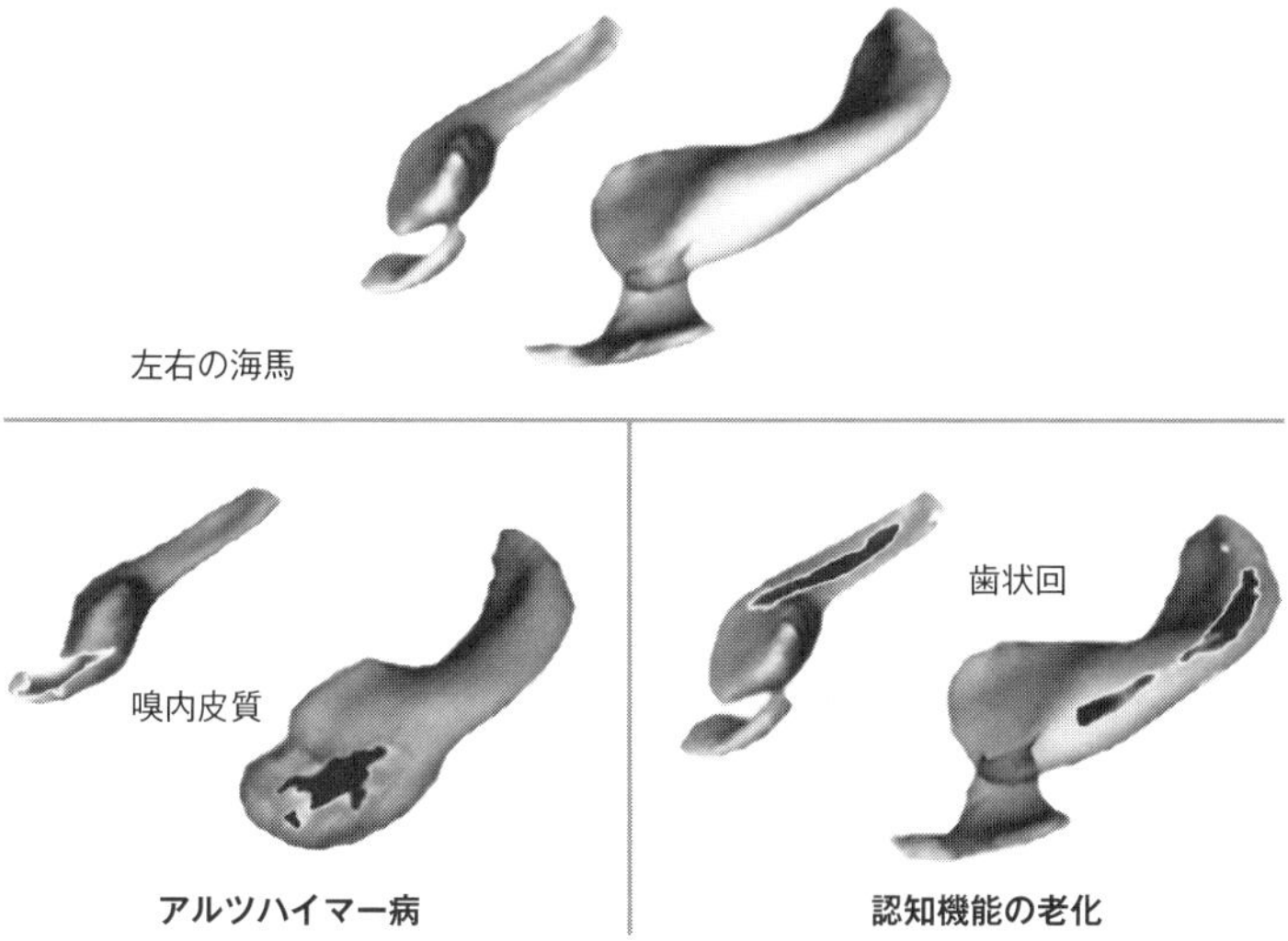

たので、これはやや神経のすり減る取り組みだった。しかし、忙しい日々を送り、何度も徹夜したことは最終的に報われた。私たちは技術革新に成功した[3]。そして新しい改良型のｆＭＲＩ装置を最適化すると、私たちの仮説はただちに立証された。

生物医学的な論争を解決するために解剖学でアプローチする強みは、「百聞は一見にしかず」であることだ。ひとたび患者集団の神経細胞機能の異常を表す地図がｆＭＲＩによって作成されると、私たちの仮説が正しかったことは文字どおり一目で確認できた。

図の上部に示しているのは、左右の海馬だ。ここに挙げた物体は彫刻のように美しいと思えるかもしれないが（私にはそう思える！）、芸術家が制作したものではない。これは本物の海馬の画像で、私たちの研究の参加者から得られたｆＭＲＩ画像を抜き出したものだ。高空間分解能の画像なので、湾曲した海馬の正確な解剖学的構造を詳細に見ることができる。ただし、これらは「構造」をスキャンした画像ではなく、「機能」をスキャンした画像だということを覚えておいてほしい。つまり、画像には、海馬のどの領域がエネルギーを異常に消費したか、言い換えれば、どの神経細胞が異常なのかという情報が含まれている。

図の左下は、アルツハイマー病に関する発表ずみの研究論文の一つから引用したもので、神経細胞の異常がある部分に濃い色がついている。[4] 異常な部分は、海馬領域〔海馬に周辺の皮質を含めた領域〕の嗅内皮質と呼ばれる一つの神経細胞集団にかたまっている。

右下は、ふつうに年を取っていき徐々に異常をきたした場合の海馬を示したものだ。[5] 通常の老化による神経細胞の異常は、アルツハイマー病の場合と同じく神経細胞の一つの島にかたまっているが、そこは嗅内皮質とは別で歯状回《しじょうかい》と呼ばれる領域だ。

こうした画像研究によって、論争に決着がついた。記憶の教師である海馬の障害は、晩年に起こる二つの異なる異常が原因であることが証明されたのだ。

海馬の障害の程度がさまざまな患者や、アルツハイマー病と通常の老化の動物モデルでおこなわれた研究からは、思いがけず驚くべきことも明らかになった。アルツハイマー病と通常の老化による海馬の機能障害の解剖学的なパターンが、互いに異なることがわかったのだ。嗅内皮質が最もアルツハイマー病に弱い海馬領域なのに対し、歯状回はアルツハイマー病に最も強い領域で、病変が広がってもそれは変わらない。一方、歯状回が通常の老化から影響を最も受けやすいのに対し、嗅内皮質は通常の老化に最も抵抗性があり、八〇代以上の人びとでもその傾向が見られる。ということで、アルツハイマー病と通常の老化では、症状が異なり、異常をきたす脳領域が異なる。これは裏返せば、二つの機能を担う脳領域が解剖学的に切り離されているということであり、このような珍しい状態は「二重乖離」と呼ばれる。二重乖離があるという事実は、私たちの仮説を裏づけるために必須というわけではないにせよ、有利な情報だ。

今日、神経科医は、老化に伴う記憶力の低下を訴えて私のもとを訪れたカールのような患者を診察する場合、症状や検査結果を検討して分析し、通常の老化とアルツハイマー病のどちらが記憶力の低下を引き起こしているのかを判断しなければならない。それがはっきり見極められれば、それぞれの記憶力の低下の原因を究明することにも役立つ。

病気を引き起こす分子は細胞内のタンパク質だ。とすると、次のような疑問が浮かぶ。アルツハイマー病患者では、嗅内皮質のどのタンパク質が正常に働かず、歯状回のどのタンパク質が正常なのか？　また、通常の老化が起きた患者では、歯状回のどのタンパク質が正常に働かず、嗅内皮質のどのタンパク質が正常なのか？　私たちの研究の第一段階が、画期的なｆＭＲＩ装置を用いて、この解剖学的な二重乖離を確認することだったとすれば、第二段階の焦点は、この二重乖離を利用して、これらの異常なタンパク質を特定することだった。そして、この段階でも、やはり技術革新が求められた。今回は、それぞれの神経細胞集団に含まれている数千種類のタンパク質および、その前駆体を同時に評価できる分子的手法が必要だった。そこで私たちは、アルツハイマー病を患って死亡した高齢者の脳、患わずに死亡した高齢者の脳、さらに、さまざまな年齢で死亡した人の健康な脳から顕微鏡下で嗅内皮質と歯状回を慎重に切り出し、分子を探索する研究に乗り出した。

その結果、私たちが立てた仮説のとおり、それら二つの神経細胞集団では異なるタンパク質の異常が起こっていることがわかり、それによって、なぜ通常の老化とアルツハイマー病では異なる海馬領域が侵されるのかが最もうまく説明できた[6]。通常の老化でもアルツハイマー病でも、単離された異常なタンパク質は記憶の分子ツールボックスの構成要素だ。これは生物学的に納得がいく（生物学で、いわば当たり前のことが確認できると、つねに少々の驚きと大きな安堵を感じる）。ただし、通常の老化で異常があったツールは、情報を記憶すべきときに記憶の分子ツールボックスを「オン」にするスイッチで、エリック・カンデルらが初めて報告したものだ。一方、アルツハイマー病で異常があったのは、新しくもろい記憶を安定化させるツールで、それには新たに成長した樹状突起スパイン表面の神経伝達物質受容体を増やす働きがある。

私には、カールの声が聞こえる気がする。「スモール先生、先生の解剖学的なスキルはすばらしいですね。ですが、原因は何なのですか？」。カールに答えるとすれば、私が専門家向けの講演でも一般市民向けの講演でも述べる、こんな言葉だろう。「もう少し待ってもらえませんか」。不調を訴えて叫び声をあげている神経細胞集団から異常なタンパク質が見つかったら有罪、つまりそのタンパク質が原因だと思えるかもしれないが、それは状況証拠にすぎず、決定的な証拠ではない。医学で因果関係を明らかにするためには、もっと探偵仕事が必要だ。

証拠固めに役立つのが動物モデルだ。マウスと人間の海馬は、それぞれの海馬領域に含まれているタンパク質に至るまで、ほぼ同じだということを思い出してほしい。したがって、マウスを人間のモデルとして、人間の病態を研究することができる。最近おこなわれた一連の研究結果を紹介すれば、アルツハイマー病患者で異常のあったタンパク質をマウスで人為的に働かなくすると、嗅内皮質が特異的に侵され、病的な忘却が引き起こされた(7)。それらの異常なタンパク質がアミロイド斑や神経原線維変化の形成に加担し、最終的に神経細胞が死滅することも見出された。一方、通常の老化で異常のあったタンパク質をマウスで人為的に働かなくすると、やはり病的な忘却が起こることが観察されたが、このときは歯状回が特異的に侵されていた。これらの操作によって、マウスの神経細胞では人間の通常の老化で見られるような異常が引き起こされたが、アミロイド斑や神経原線維変化は生じず、神経細胞死も起こらなかった。

生物医学的な探偵仕事では遺伝学も利用できる。実際、最近の遺伝学研究では、老化にかかわるタンパク質と関連する遺伝子や、老化に伴う記憶力の低下を加速する遺伝子があることが示されている。別の遺伝学研究からは、アルツハイマー病にかかわるタンパク質と関連する別の遺伝子異常が特定され、そのような異常によって、アルツハイマー病の発症リスクが高まることがわかった。

現在、こうした探偵仕事は大詰めを迎えている。そして、容疑者タンパク質の有罪を立証し、それらを裁判《トライアル》にかけるため、言い換えれば、特定のタンパク質が病的な忘却の原因であることを示し、それらを臨床試験《クリニカルトライアル》にかけるための証拠がまとまってきている。臨床試験は、そのような疑わしいタンパク質が病気を引き起こすことを疑いの余地なく証明する唯一の方法だ。異常なタンパク質を正常にするための安全な介入方法は、容易には開発できない。だがありがたいことに、多くの研究室や製薬業界がこの問題に取り組んでいる[8]。そして、この数年のあいだに早くも安全な介入方法が考案され、その方法によって異常なタンパク質が正常化することが動物モデルで見出されている。

私たちは、二種類の病的な忘却の原因を確実に突き止め、さらには治療法を見出そうと研究を続けている。だが、もしカールが生きていて、以上のような最新情報を伝えることができたとしても、私はこの大切な、会いたくてももう会えない患者に、もう少し待ってほしいと今一度お願いしなければならないだろう。現況を知ったら、彼はもどかしく思うに違いないし、あなたもそうかもしれない。しかし、この研究分野がフルスピードで進んでいるのは本当であり、晩年の病的な忘却に対抗するための新たな希望が見え始めている。それを伝えることが、正常な忘却をテーマにした本書の締めくくりとして最適だろう。この分野に引き続きご注目を。

謝辞

一般向けの科学書の執筆方法を学ぶことが、新しい楽器の演奏法を学ぶようなものだとは思いもよらなかった――なにしろ無知だったわけで、誓って言うが、書けるとうぬぼれていたわけではない。クラウン出版グループ（ランダムハウスの子会社）の担当編集者で冷静なジリアン・ブレイクは、出版の仕組みを教えてくれた。その専門的な指導と忍耐力に感謝している。それに、編集補佐のキャロライン・レイには補足の指導をしてくれたことにお礼を言いたい。非の打ちどころがない妻のアレクシス・イングランドには、長時間にわたって話を聞いてくれ、重要な意見を述べてくれたことに、作家で友人のスー・ハルパーンには、励ましの言葉をかけてくれたことに感謝している。私は今や、スーの文才をこれまで以上に高く評価している。最後に、私をジリアンに紹介してくれたことについて、敏腕ジャーナリストのアレクサンドラ・ペニーに心から感謝するとともに、不屈の精神を持つ私のエージェント、アリス・マーテルに深く感謝の意を申しあげる。

訳者あとがき

「記憶力が伸びる」「記憶力を磨く」「記憶力UP」「記憶力倍増」「最強の記憶術」「超記憶法」「物忘れが治る」「物忘れが改善」「物忘れがなくなる」「物忘れを解消」「物忘れを撃退」

以上は、記憶力ないし物忘れをテーマとする一般書のタイトルから拾い出した言葉だ。ほかに、今やすっかり定着した「脳トレ」「脳活」を打ち出した書籍も含めて、同類の書籍は山ほどある。こうした状況は、どうやってより覚えるか、あるいは忘れないようにするかということに対する世間の関心の高さを物語っているが、そのなかにあって本書（原書は *Forgetting: The Benefits of Not Remembering*）は、忘れることのプラス面に着目したユニークな作品だ。

著者のスコット・A・スモール博士はコロンビア大学神経精神科学教授で、解剖学的生物学を専門とする。アルツハイマー病研究センターのディレクターを務めており、記憶障害を引き起こす病気の原因や治療法を研究してきた。従来、忘却は脳機能の低下によって起こると考えられていた。だが心理学、神経生物学、医学、コンピューター科学などの進展によって、驚くべきことに、脳には記憶を忘れる仕組み（正常な忘却の機能）があり、それは認知能力にとって必要な機能であることが明らかになってきた。実は著者自身、忘却は防ぐべきものだとずっと思っており、忘却に関する新しい研究成果に初めて接したときには目を見張ったという。それで、そのような最新の科学的知見を広く紹介するために本書を執筆したそうだ（なお、忘却のメリットを真正面から扱った書籍は、少し前までは外山滋比古氏のエッセイくらいしか見当たらなかったように思うが、ようやくここ数年、脳機能の観点から忘却について解説した一般書が出版されるようになってきた。そのなかで新しいものとして『Remember 記憶の科学――しっかり覚えて上手に忘れるための18章』（リサ・ジェノヴァ著、小浜杳訳、白揚社）がある。本書と合わせてお読みいただくと、より理解が深まるだろう）。

最初に、本書が焦点を当てている「正常な忘却」とは何かという点をはっきりさせておきたい。新聞やネット上の情報を見ると、加齢（老化）による記憶力や認知機能の低下を「正常な物忘れ」や「生理的な物忘れ」、認知症による物忘れを「病的な物忘れ」と区別している場合がよくある。認知症に関する情報サイトや物忘れ・認知症外来のある病院のサイトで、そのように説明されていることも少なくない。

しかし本書では、年齢に関係なく物事をある程度忘れることを「正常な忘却」と呼ぶ――言い換えれば、脳には記憶を忘れる機能が備わっているということだ。そして、そのベースラインのレベルを超えて忘れることが「病的な忘却」であり、「病的な忘却」には二つのタイプ、つまり老化が原因のものと、アルツハイマー病などによる認知症が原因のものがあると説明する。したがって、いわゆる「正常な物忘れ」は、本書では「病的な忘却」に位置づけられる。

本書では、まず第一章で、脳が記憶を作って貯蔵する基本的な仕組み、および正常な忘却と病的な忘却の違いを解説する。つづいて以降の章でさまざまな実例に目を向け、忘却が起こらないとどうなるかを見ることによって正常な忘却の役割を考察していく。具体的には、第二章で自閉スペクトラム症、第三章でPTSD（心的外傷後ストレス障害）、第四章で恐怖、第五章で創造力、第六章で意思決定と忘却の関係を取り上げ、第七章では人や祖国を大切に思う心と忘却というトピックスにも踏み込む。本書の中心的な主張は、記憶と忘却のバランスが取れていることが、幸せな人生にとって、さらには社会にとって重要だというものだ。

くわしくは本書をお読みいただくとして、本書の魅力で一つ挙げておきたいのは、著者の個人的な体験がちりばめられていることだ（従軍経験のある著者は、帰還兵のPTSDに関する章を書くのは非常にタフだったと、あるインタビューで語っている）。各エピソードには、病的な忘却を患う多くの患者を支えてきた著者ならではの実感がこもっている。また、著者と誰かとの対話の場面が生き生きと描写されていているのも味わい深い。対話相手として登場するのは患者やその家族、同僚の医師や研究者、戦友などだが、ポップアートの先駆者であるアメリカの画家ジャスパー・ジョーンズ、ノーベル経済学賞を受賞した行動経済学者ダニエル・カーネマンといった著名人もいる。著名人と言えば、本書にはノーベル生理学・医学賞受賞者で著者の師でもある神経科学者エリック・カンデルの話題も出てくる。

二〇二〇年に新型コロナウイルス感染症（COVID－19）の大流行が始まってから数年が経過した。この脅威はまだ収束してはいないが、二〇二三年には日本での感染症法の位置づけが二類相当から五類に移行し、社会活動が戻りつつある。それより少し前、世界がコロナ後に目を向け始めた二〇二二年春の『ニューヨーク・タイムズ』紙に、コロナ禍に対する忘却の役割をまとめた著者の意見記事が掲載された。この記事――「私たちはいずれ新型コロナ感染症パンデミックの大部分を忘れる――それはありがたいことだ」――に訳者は深く頷かされたので、最後にごく簡単な要約を記しておこう。

私たちは新型コロナウイルスによる甚大な被害を忘れないだろうし、忘れるべきではない。亡くなった大切な人びとを覚えておくことに加え、医療従事者などの献身的で懸命かつ無私の働きを記憶しておくことは重要だ。それに、今後起こる感染症によりよく対応できるように、さまざまな教訓を後世に伝えていかなくてはならない。

一方で、困難な記憶の多くが年月とともに薄れていくだろう。それは自然なことであり、多くの人、特にこのウイルスと第一線で戦ってきた人びとにとって、コロナ後の時代を生きていく助けになる。研究によって、トラウマ的な体験をあまりにも覚えすぎていることには危険があり、忘却は辛い記憶に伴う感情をなだめて心を守ってくれるということがわかってきた。

コロナ禍では人と人の交流が減り、社会からの孤立が深刻になったが、社会的孤立はトラウマの影響を悪化させることが研究で示されている。人づき合いによって脳はホルモンを分泌し、恐ろしい記憶の忘却を導く。だから、私たちが健全に前に進んでいくために、社会として、安全な交流を促進していくことが望ましい。

恐怖の記憶をある程度手放すことによって、覚えておきたい記憶をより明確に思い出せるようにもなる。私（著者）が覚えておきたいのは、人びとの驚くべきレジリエンスや勇気、連帯の力などだ。そうした記憶は、今後の世界に向けての希望を抱かせてくれる。

本書を訳す機会を与えてくださり、幾多の貴重なご教示とご配慮をいただいた白揚社の筧貴行氏、校正をご担当くださった萩原修平氏、お世話になった方々に心から感謝申しあげる。

寺町朋子

二〇二四年二月

第七章　みんなの心

1 Margalit, A., *The Ethics of Memory*. 2002, Cambridge, Mass.: Harvard University Press, p. xi.

2 Lichtenfeld, S., et al., "Forgive and Forget: Differences Between Decisional and Emotional Forgiveness." *PLOS One*, 2015. 10(5): p. e0125561.

3 Anspach, C., "Medical Dissertation of Nostalgia by Johannes Hofer, 1688." *Bulletin of the Institute of the History of Medicine*, 1934. 2: pp. 376–391.

4 Kushner, M. G., et al., "D-Cycloserine Augmented Exposure Therapy for Obsessive-Compulsive Disorder." *Biological Psychiatry*, 2007. 62(8): pp. 835–838.

5 Boym, S., *The Future of Nostalgia*. 2001, New York: Basic Books.

エピローグ　病的な忘却

1 Ventura, H. O., "Giovanni Battista Morgagni and the Foundation of Modern Medicine." *Clinical Cardiology*, 2000. 23(10): pp. 792–794.

2 Small, S. A., "Age-Related Memory Decline: Current Concepts and Future Directions." *Archives of Neurology*, 2001. 58(3): pp. 360–364.

3 Small et al., "A Pathophysiological Framework."

4 Khan, U. A., et al., "Molecular Drivers and Cortical Spread of Lateral Entorhinal Cortex Dysfunction in Preclinical Alzheimer's Disease." *Nature Neuroscience*, 2014. 17(2): pp. 304–311.

5 Brickman, "Enhancing Dentate Gyrus Function."

6 Small, S. A., "Isolating Pathogenic Mechanisms Embedded Within the Hippocampal Circuit Through Regional Vulnerability." *Neuron*, 2014. 84(1): pp. 32–39.

7 Small, S. A., and Petsko, G. A., "Endosomal Recycling Reconciles the Amyloid Hypothesis." *Science Translational Medicine*, 2020.

8 Mecozzi, V. J., et al., "Pharmacological Chaperones Stabilize Retromer to Limit APP Processing." *Nature Chemical Biology*, 2014. 10(6): pp. 443–449.

cadet / capsule / ship 訓練生／カプセル／船	space 宇宙（宇宙飛行訓練生／宇宙カプセル／宇宙船）
fur / rack / tail 毛皮／〜掛け／尻尾	coat コート（毛皮のコート／コート掛け／燕尾服）
stick / maker / point 棒／作る人／点	match マッチ・一対・試合（マッチ棒／仲介役／マッチポイント）

12 Storm, B. C., and T. N. Patel, "Forgetting as a Consequence and Enabler of Creative Thinking." *Journal of Experimental Psychology: Learning, Memory, and Cognition*, 2014. 40(6): pp. 1594–1609.

13 Ritter and Dijksterhuis, "Creativity."

第六章　謙虚な心

1 Brickman, "Enhancing Dentate Gyrus Function."

2 Barral, S., et al., "Genetic Variants in a 'cAMP Element Binding Protein' (CREB) –Dependent Histone Acetylation Pathway Influence Memory Performance in Cognitively Healthy Elderly Individuals." *Neurobiology of Aging*, 2014. 35(12): pp. 2881e7–2881e10.

3 Lara, A. H., and J. D. Wallis, "The Role of Prefrontal Cortex in Working Memory: A Mini Review." *Frontiers in Systems Neuroscience*, 2015. 9: p. 173.

4 Cosentino, S., et al., "Objective Metamemory Testing Captures Awareness of Deficit in Alzheimer's Disease." *Cortex*, 2007. 43(7): pp. 1004–1019.

5 Schei, E., A. Fuks, and J. D. Boudreau, "Reflection in Medical Education: Intellectual Humility, Discovery, and Know-How." *Medicine, Health Care and Philosophy*, 2019. 22(2): pp. 167–178.

6 Tversky, A., and D. Kahneman, "Judgment Under Uncertainty: Heuristics and Biases." *Science*, 1974. 185(4157): pp. 1124–1131.

7 Wimmer, G. E., and D. Shohamy, "Preference by Association: How Memory Mechanisms in the Hippocampus Bias Decisions." *Science*, 2012. 338(6104): pp. 270–273.

8 Shadlen, M. N., and D. Shohamy, "Decision Making and Sequential Sampling from Memory." *Neuron*, 2016. 90(5): pp. 927–939.

9 Toplak, M. E., R. F. West, and K. E. Stanovich, "The Cognitive Reflection Test as a Predictor of Performance on Heuristics-and-Biases Tasks." *Memory and Cognition*, 2011. 39(7): pp. 1275–1289.

and Sciences. 1985, Berkeley: University of California Press.

10 Mednick, S. A., "The Associative Basis of the Creative Process." *Psychological Review*, 1962. 69: pp. 220–232.

11 Bowden, E. M., and M. Jung-Beeman, "Normative Data for 144 Compound Remote Associate Problems." *Behavior Research Methods, Instruments, and Computers*, 2003. 35(4): pp. 634–639.

遠隔連想課題の単語	**答え**
cottage / swiss / cake 小屋（カッテージ）／スイス／ケーキ	cheese チーズ（カッテージチーズ／スイスチーズ／チーズケーキ）
cream / skate / water クリーム／スケート／水	ice 氷（アイスクリーム／アイススケート／氷水）
show / life / row ショー／救命／漕ぐ	boat ボート（ショーボート〔興行船〕／救命ボート／漕艇）
night / wrist / stop 夜／腕／停止（ストップ）	watch 監視・時計（夜警／腕時計／ストップウォッチ）
dew / comb / bee 露／巣／ハチ	Honey 蜂蜜（蜜・甘露／ハチの巣／ミツバチ）
preserve / ranger / tropical 保護区／警備員／熱帯	forest 森林（保安林／森林警備員／熱帯林）
aid / rubber / wagon 救援／ゴム／ワゴン	band バンド（バンドエイド［絆創膏］／輪ゴム／楽隊車）
safety / cushion / point 安全／クッション／点	pin ピン（安全ピン／針刺し／先端）
dream / break / light 夢／始まり／光	day 日（白日夢／夜明け／昼光）
fish / mine / rush 魚／鉱山／殺到	gold 金（金魚／金鉱／ゴールドラッシュ）
measure / worm / video 測定器／虫／ビデオ	tape テープ（巻き尺／サナダムシ／ビデオテープ）
high / district / house 高等の／区域／建物	school 学校（高校／学区／校舎）
high / district / house 高等の／地方／建物	court 裁判所（高等裁判所／地方裁判所／裁判所）
worm / shelf / end 虫／棚／端	book 本（本の虫／本棚／ブックエンド）
print / berry / bird 印刷／ベリー／鳥	blue 青（青写真／ブルーベリー／青い鳥）
opera / hand / dish オペラ／手／皿	soap 石鹸（ソープオペラ〔昼メロ〕／手洗い用石鹸／食器用洗剤）

unteers Measured with Arterial Spin Labeling and Blood Oxygen Level-Dependent Resting State Functional Connectivity." *Biological Psychiatry*, 2015. 78(8): pp. 554–562.
14 Young, L. J., "Being Human: Love: Neuroscience Reveals All." *Nature*, 2009. 457(7226): p. 148; Zeki, S., "The Neurobiology of Love." *FEBS Letters*, 2007. 581(14): pp. 2575–2579.
15 Jurek, B., and I. D. Neumann, "The Oxytocin Receptor: From Intracellular Signaling to Behavior." *Physiological Reviews*, 2018. 98(3): pp. 1805–1908; Maroun, M., and S. Wagner, "Oxytocin and Memory of Emotional Stimuli: Some Dance to Remember, Some Dance to Forget." *Biological Psychiatry*, 2016. 79(3): pp. 203–212; Geng, Y., et al., "Oxytocin Enhancement of Emotional Empathy: Generalization Across Cultures and Effects on Amygdala Activity." *Frontiers in Neuroscience*, 2018. 12: p. 512.
16 Nagasawa, M., et al., "Social Evolution. Oxytocin-Gaze Positive Loop and the Coevolution of Human-Dog Bonds." *Science*, 2015. 348(6232): pp. 333–336.

第五章　晴れやかになる心

1 de Kooning, W., et al., *Willem de Kooning: The Late Paintings, the 1980s*. 1st ed. 1995, San Francisco: San Francisco Museum of Modern Art.
2 Orton, F., *Figuring Jasper Johns*. 1994, London: Reaktion Books.
3 Ritter, S. M., and A. Dijksterhuis, "Creativity—The Unconscious Foundations of the Incubation Period." *Frontiers in Human Neuroscience*, 2014. 8: p. 215.
4 Crick, F., and G. Mitchison, "The Function of Dream Sleep." *Nature*, 1983. 304(5922): pp. 111–114.
5 Waters, F., et al., "Severe Sleep Deprivation Causes Hallucinations and a Gradual Progression Toward Psychosis with Increasing Time Awake." *Frontiers in Psychiatry*, 2018. 9: p. 303.
6 de Vivo, L., et al., "Ultrastructural Evidence for Synaptic Scaling Across the Wake/Sleep Cycle." *Science*, 2017. 355(6324): pp. 507–510; Diering, G. H., et al., "Homer1a Drives Homeostatic Scaling-Down of Excitatory Synapses During Sleep." *Science*, 2017. 355(6324): pp. 511–515; Poe, G. R., "Sleep Is for Forgetting." *Journal of Neuroscience*, 2017. 37(3): pp. 464–473.
7 Tononi, G., and C. Cirelli, "Sleep and the Price of Plasticity: From Synaptic and Cellular Homeostasis to Memory Consolidation and Integration." *Neuron*, 2014. 81(1): pp. 12–34.
8 Waters, "Severe Sleep Deprivation."
9 Ghiselin, B., ed., *The Creative Process: Reflection on Invention in the Arts*

第四章　恐れを知らぬ心

1 de Waal, F. B. M., *Peacemaking Among Primates*. 1989, Cambridge, Mass.: Harvard University Press, p. xi.『仲直り戦術』（フランス・ドゥ・ヴァール著、西田利貞・榎本知郎訳、どうぶつ社）

2 Rilling, J. K., et al., "Differences Between Chimpanzees and Bonobos in Neural Systems Supporting Social Cognition." *Social Cognitive and Affective Neuroscience*, 2012. 7(4): pp. 369–379; Issa, H. A., et al., "Comparison of Bonobo and Chimpanzee Brain Microstructure Reveals Differences in Socio-emotional Circuits." *Brain Structure and Function*, 2019. 224(1): pp. 239–251.

3 Blair, R. J., "The Amygdala and Ventromedial Prefrontal Cortex in Morality and Psychopathy." *Trends in Cognitive Sciences*, 2007. 11(9): pp. 387–392.

4 Cannon, W., "The Movements of the Stomach Studied by Means of the Roentegen Rays." *American Journal of Physiology*, 1896: pp. 360–381.

5 Cannon, W., *Bodily Changes in Pain, Hunger, Fear and Rage: An Account of Recent Researches into the Function of Emotional Excitement*. 1915, New York: D. Appleton & Company.

6 Cannon, W., and D. de la Paz, "Emotional Stimulation of Adrenal Secretion." *American Journal of Physiology*, 1911. 28(1): pp. 60–74.

7 Swanson, L. W., and G. D. Petrovich, "What Is the Amygdala?" *Trends in Neurosciences*, 1998. 21(8): pp. 323–331.

8 LeDoux, J. E., "Emotion Circuits in the Brain." *Annual Review of Neuroscience*, 2000. 23: pp. 155–184.

9 Keifer, O. P., Jr., et al., "The Physiology of Fear: Reconceptualizing the Role of the Central Amygdala in Fear Learning." *Physiology*（*Bethesda, Md.*）, 2015. 30(5): pp. 389–401.

10 Hare, B., V. Wobber, and R. Wrangham, "The Self-Domestication Hypothesis: Evolution of Bonobo Psychology Is Due to Selection Against Aggression." *Animal Behaviour*, 2012. 83(3): pp. 573–585.

11 Trut, L., "Early Canid Domestication: The Farm-Fox Experiment." *American Scientist*, 1999. 87: pp. 160–169.

12 Roberto, M., et al., "Ethanol Increases GABAergic Transmission at Both Pre- and Postsynaptic Sites in Rat Central Amygdala Neurons." *Proceedings of the National Academy of Sciences of the United States of America*, 2003. 100(4): pp. 2053–2058.

13 Carhart-Harris, R. L., et al., "The Effects of Acutely Administered 3,4-Methylenedioxymethamphetamine on Spontaneous Brain Function in Healthy Vol-

12 Behrmann, M., C. Thomas, and K. Humphreys, "Seeing It Differently: Visual Processing in Autism." *Trends in Cognitive Sciences*, 2006. 10(6): pp. 258–264.
13 Pavlova, M. A., et al., "Social Cognition in Autism: Face Tuning." *Scientific Reports*, 2017. 7(1): p. 2734.
14 Frith, U., and B. Hermelin, "The Role of Visual and Motor Cues for Normal, Subnormal and Autistic Children." *Journal of Child Psychology and Psychiatry*, 1969. 10(3): pp. 153–163.
15 Happe, F., "Central Coherence and Theory of Mind in Autism: Reading Homographs in Context." *British Journal of Developmental Psychology*, 1997. 15: pp. 10–12.
16 Rorty, R., *Philosophy and the Mirror of Nature*. 1979, Princeton, N.J.: Princeton University Press.

第三章　解放された心

1 LaBar, K. S., and R. Cabeza, "Cognitive Neuroscience of Emotional Memory." *Nature Reviews Neuroscience*, 2006. 7(1): pp. 54–64.
2 Etkin, A., and T. D. Wager, "Functional Neuroimaging of Anxiety: A Meta-analysis of Emotional Processing in PTSD, Social Anxiety Disorder, and Specific Phobia." *American Journal of Psychiatry*, 2007. 164(10): pp. 1476–1488; Liberzon, I., and C. S. Sripada, "The Functional Neuroanatomy of PTSD: A Critical Review." *Progress in Brain Research*, 2008. 167: pp. 151–169.
3 Etkin, A., et al., "Toward a Neurobiology of Psychotherapy: Basic Science and Clinical Applications." *Journal of Neuropsychiatry and Clinical Neurosciences*, 2005. 17(2): pp. 145–158.
4 Sessa, B., and D. Nutt, "Making a Medicine out of MDMA." *British Journal of Psychiatry*, 2015. 206(1): pp. 4–6.
5 Piomelli, D., "The Molecular Logic of Endocannabinoid Signalling." *Nature Reviews Neuroscience*, 2003. 4(11): pp. 873–884; Bhattacharyya, S., et al., "Opposite Effects of Delta-9-Tetrahydrocannabinol and Cannabidiol on Human Brain Function and Psychopathology." *Neuropsychopharmacology*, 2010. 35(3): pp. 764–774.
6 Besser, A., et al., "Humor and Trauma-Related Psychopathology Among Survivors of Terror Attacks and Their Spouses." *Psychiatry: Interpersonal and Biological Processes*, 2015. 78(4): pp. 341–353.
7 Charuvastra, A., and M. Cloitre, "Social Bonds and Posttraumatic Stress Disorder." *Annual Review of Psychology*, 2008. 59: pp. 301–328.

第二章　平穏な心

1　Kanner, L., "The Conception of Wholes and Parts in Early Infantile Autism." *American Journal of Psychiatry*, 1951. 108(1): pp. 23–26; Kanner, L., "Autistic Disturbances of Affective Contact." *Nervous Child*, 1943. 2: pp. 217–240.

2　Davis and Zhong, "The Biology of Forgetting"; Richards and Frankland, "The Persistence and Transience of Memory."

3　Migues, P. V., et al., "Blocking Synaptic Removal of GluA2-Containing AMPA Receptors Prevents the Natural Forgetting of Long-Term Memories." *Journal of Neuroscience*, 2016. 36(12): pp. 3481–3494; Dong, T., et al., "Inability to Activate Rac1-Dependent Forgetting Contributes to Behavioral Inflexibility in Mutants of Multiple Autism-Risk Genes." *Proceedings of the National Academy of Sciences of the United States of America*, 2016. 113(27): pp. 7644–7649.

4　Khundrakpam, B. S., et al., "Cortical Thickness Abnormalities in Autism Spectrum Disorders Through Late Childhood, Adolescence, and Adulthood: A Large-Scale MRI Study." *Cerebral Cortex*, 2017. 27(3): pp. 1721–1731.

5　Bourgeron, T., "From the Genetic Architecture to Synaptic Plasticity in Autism Spectrum Disorder." *Nature Reviews Neuroscience*, 2015. 16(9): pp. 551–563.

6　Dong et al., "Inability to Activate Rac1"; Bourgeron, "From the Genetic Architecture to Synaptic Plasticity"; Tang, G., et al., "Loss of mTOR-Dependent Macroautophagy Causes Autistic-Like Synaptic Pruning Deficits." *Neuron*, 2014. 83(5): pp. 1131–1143.

7　たとえば、次の文献を参照。Corrigan, N. M., et al., "Toward a Better Understanding of the Savant Brain." *Comprehensive Psychiatry*, 2012. 53(6): pp. 706–717; Wallace, G. L., F. Happe, and J. N. Giedd, "A Case Study of a Multiply Talented Savant with an Autism Spectrum Disorder: Neuropsychological Functioning and Brain Morphometry." *Philosophical Transactions of the Royal Society B*, 2009. 364(1522): pp. 1425–1432.

8　Cooper, R. A., et al., "Reduced Hippocampal Functional Connectivity During Episodic Memory Retrieval in Autism." *Cerebral Cortex*, 2017. 27(2): pp. 888–902.

9　Dong et al., "Inability to Activate Rac1."

10　Masi, I., et al., "Deep Face Recognition: A Survey." IEEE Xplore, 2019.

11　Srivastava, N., et al., "Dropout: A Simple Way to Prevent Neural Networks from Overfitting." *Journal of Machine Learning Research*, 2014. 15: pp. 1929–1958.

原注

プロローグ

1 たとえば、次の文献を参照。Davis, R. L., and Y. Zhong, "The Biology of Forgetting— A Perspective." Neuron, 2017. 95(3): pp. 490–503; Richards, B. A., and P. W. Frankland, "The Persistence and Transience of Memory." *Neuron*, 2017. 94(6): pp. 1071–1084.
2 Parker, E. S., L. Cahill, and J. L. McGaugh, "A Case of Unusual Autobiographical Remembering." *Neurocase*, 2006. 12(1): pp. 35–49.
3 Borges, J., *Ficciones*. 1944, Buenos Aires: Grove Press.「記憶の人、フネス」(『伝奇集』(ホルヘ・ルイス・ボルヘス著、鼓直訳、岩波書店)に所収)

第一章　覚えることと忘れること

1 Sacks, O., *The Man Who Mistook His Wife for a Hat*. 1985, London: Gerald Duckworth.『妻を帽子とまちがえた男』(オリヴァー・サックス著、高見幸郎・金沢泰子訳、早川書房)
2 Augustinack, J. C., et al., "H.M.'s Contributions to Neuroscience: A Review and Autopsy Studies." *Hippocampus*, 2014. 24(11): pp. 1267–1268.
3 Small, S. A., et al., "A Pathophysiological Framework of Hippocampal Dysfunction in Ageing and Disease." *Nature Reviews Neuroscience*, 2011. 12(10): pp. 585–601.
4 Brickman, A. M., et al., "Enhancing Dentate Gyrus Function with Dietary Flavanols Improves Cognition in Older Adults." *Nature Neuroscience*, 2014. 17(12): pp. 1798–1803; Anguera, J. A., et al., "Video Game Training Enhances Cognitive Control in Older Adults." *Nature*, 2013. 501(7465): pp. 97–101.
5 たとえば、次の文献を参照。Davis and Zhong, "The Biology of Forgetting"; Richards and Frankland, "The Persistence and Transience of Memory."

スコット・A・スモール（Scott A. Small）
コロンビア大学神経精神科学教授、同大学アルツハイマー病研究センター・ディレクター。アルツハイマー病および認知機能の老化を専門としており、記憶と記憶障害について140篇以上の論文を発表している。著者の業績は『ニューヨーク・タイムズ』紙や『ザ・ニューヨーカー』誌、『タイム』誌で紹介された。イスラエル育ちで、現在はニューヨーク市在住。

寺町朋子（てらまち・ともこ）
翻訳家。京都大学薬学部卒業。企業で医薬品の研究開発に携わり、科学書出版社勤務を経て現在にいたる。訳書にスペクター『歪められた食の常識』、キャロル『科学が暴く「食べてはいけない」の嘘』、ハリス『生命科学クライシス』、デステノ『信頼はなぜ裏切られるのか』、ズデンドルフ『現実を生きるサル 空想を語るヒト』（以上白揚社）、トリー『神は、脳がつくった』（ダイヤモンド社）、キルシュ＆オーガス『新薬という奇跡』（早川書房）ほか多数。共訳書にイーバン『ジェネリック医薬品の不都合な真実』（翔泳社）などがある。

ISBN978-4-8269-0258-8

忘却《ぼうきゃく》の効用《こうよう》
「忘《わす》れること」で脳《のう》は何《なに》を得《え》るのか

二〇二四年五月九日　第一版第一刷発行
二〇二四年八月二十六日　第一版第二刷発行

著　者　スコット・A・スモール
訳　者　寺町朋子《てらまちともこ》
発行者　中村幸慈
発行所　株式会社　白揚社　©2024 in Japan by Hakuyosha
〒101-0062　東京都千代田区神田駿河台1-7
電話03-5281-9772　振替00130-1-25400
装　幀　吉野　愛
印刷・製本　モリモト印刷株式会社